Charlotte von Mahlsdorf

# Ab durch die Mitte

Ein Spaziergang durch Berlin

In Zusammenarbeit mit Peter Süß
Fotografien von Burkhard Peter

Edition diá

Eines Tages wurde ich nicht mehr gebraucht. Nach dreiundzwanzig Jahren Arbeit für das *Märkische Museum* verlängerte das Direktorium meinen Vertrag 1971 nicht mehr, weil ich auf einer Party Frauenkleider getragen hatte. Eigentlich Grund genug, sich über die Schnödigkeit der Welt zu beklagen, das Museum zu meiden, zumal deren leitende Herren – um es vorsichtig zu formulieren – den staatlichen Kunsträubern bei ihren Beutezügen nicht gerade in den Arm fielen.

Doch nein, Schuld ist eine individuelle Kategorie, die damals tätigen SED-Genossen sind inzwischen ausgemustert, verzehren ihre Rente, und sie sei ihnen sogar vergönnt; ich trage niemandem etwas nach. Ob sie es sich dabei herzhaft schmecken lassen, muß ihr Gewissen entscheiden – so sie eines haben. Das Museum als ganzes kann nichts dafür, denn der Ort ist unschuldig, kann sich nicht betroffen fühlen. Und wenn ich es recht überlege, war meine Entlassung ein Glücksfall, da ich mich danach ausschließlich um mein Gründerzeitmuseum kümmern konnte, dessen Dachgesimse damals abzustürzen drohten.

Ich war mit dem Märkischen Museum verwachsen, es war meine zweite Heimat, und jedesmal, wenn ich hierher komme, stellt sich der alte Zauber wieder ein. Der Architekt Ludwig Hoffmann konzipierte es im Stil alter Burgen, Kirchen und Schlösser, Backsteingotik und märkische Renaissance gingen eine kuriose Verbindung ein, und zwischen 1901 und 1907 wurde der eigentümliche Bau Am Köllnischen Park fertiggestellt.

Heute beherbergt das Museum Sammlungen zur Geschichte und Kultur Berlins von den Anfängen bis zur Gegenwart. Mein Paradies war und ist die Musikmaschinenabteilung, daran hing mein Herz, alle Exemplare kannte ich bis zur letzten Schraube, und wenn ihnen etwas fehlte und sie unregelmäßig liefen, pflegte ich sie, als wären sie mein eigen. Selbst zum Staubwischen ließ ich niemanden ran.

Das Prunkstück der Abteilung ist das Tanzsaalorchestrion, 1892 von der Orgel- und Orchestrionfabrik Bacigalupo im Stil des Neobarock und Neorokoko gefertigt. Es imitiert, pneumatisch funktionierend, ein achtundzwanzig Mann starkes Orchester. Wie oft lag ich unter

Alte Burgen, Kirchen und Schlösser dienten Ludwig Hoffmann als Vorbild für das Märkische Museum. Zwischen 1901 und 1907 errichtet, beherbergt der kuriose Bau Sammlungen zur Geschichte Berlins.

Mein Herz hängt an der Musikmaschinenabteilung und hier besonders an dem Orchestrion im Stil des Neorokoko. Es imitiert ein achtundzwanzig Mann starkes Orchester und sorgte in Kneipen für Stimmung.

dem großen Wunderwerk und beobachtete Ventile und Instrumentenbälge, die nebeneinanderliegen und mit einer Membran verbunden sind. Wenn in den Papiernotenrollen, die über den Saugblock laufen, ein Loch eingestanzt ist, zieht die Luft das Ventil an, und der Ton erklingt.

Rund siebenhundert Musikstücke auf Notenrollen gehören zur Sammlung, ein internationales Repertoire an Schlagern, Walzern, Märschen, Opern und Operetten, und ich kannte sie fast alle, denn es waren die »Hits« der Gründerzeit. Erste Musikkenntnisse erwarb ich bereits als Kind, als ich den Spieldosenplatten meines Großonkels lauschte und sie bewunderte. Und da ich immer wissen wollte, wer was komponiert hatte, vertiefte ich mich in die Musiklexika, die in den Bücherschränken standen.

Bei meiner Arbeit im Märkischen Museum kam mir mein Wissen sehr zupaß: Sprachen Glocken- oder Xylophonregister nicht an, öffnete ich den Vorderkasten, kroch unter das Orchestrion, schaltete es an und konnte anhand der Bewegungen der Ventile erkennen, warum etwas nicht funktionierte. Und wenn die Musik an einer Stelle fortissimo verlangte, das Orchestrion aber nur mezzoforte anbot, so wußte ich immer, welches Ventil nachzuziehen war oder wann der Druckausgleich nicht stimmte.

Früher sorgte das gute Stück in Restaurants für Stimmung, bis in den Keller lief das zentnerschwere Eisengewicht über einen Flaschenzug, und den Bengels um die Jahrhundertwende machte es Spaß, das Gewicht von Zeit zu Zeit hochzukurbeln, um die Gebläsemaschine und damit die Musik in Gang zu halten – als Lohn spendierte der Wirt Brause. Seit 1918 besorgt ein Elektromotor den Antrieb.

Wenn ich als Kind Kummer hatte, munterten mich Spieldosenklänge und Grammophonmusik auf – sah ich einen blitzenden Grammophon-Messingtrichter, vergaß ich meines Vaters Mißhandlungen, die bedrückende Atmosphäre in unserem Haus. Etwas leichte Muse, eine Polka oder ein Marsch, und ich hatte allen Jammer vergessen, sogar Krankheiten trollten sich.

In den sechziger Jahren erwischte mich einmal eine furchtbare Grippe. Nur meines preußischen Verantwortungsgefühls wegen begab ich mich ins Märkische Museum. Und wenn ich auf allen Vieren hinkrauchen muß, es ist Musiktag, es wird gespielt, dachte ich, biß die Zähne zusammen und gelangte über das im gotischen Stil gehaltene Treppenhaus zur Musikmaschinenabteilung: Wenn sonntags die Besucher und mittwochs die Schulklassen ehrfürchtig vor den wunderlich aussehenden Flötenuhren aus der Zeit um 1800 standen, mit großen Augen das prächtige Orchestrion bestaunten, gab es für mich nichts Schöneres, als den Kindern und den Erwachsenen mit der Vorführung der Musikmaschinen eine Freude zu machen.

Mir ging's sauübel, ein Schwächeschauer nach dem anderen durchlief meinen Körper, als ich vor dem Pianola-Piano stand. Eine junge Aufseherin erschrak: »Sie sehen ja ganz blaß aus, wollen Sie sich nicht lieber hinsetzen und die Führung ausfallen lassen?«

»Nein, nein, lassen Sie mal«, erwiderte ich, erklärte den Kindern, wie das Orchestrion funktioniert, öffnete die Tür zur Gebläsemaschine, legte vorne eine Notenrolle in das Instrument, und der sehr melodiöse »Gastwirtsmarsch« ertönte. Während die Musik spielte, mußte ich mich an der neobarock gewundenen Säule des Orchestrions anlehnen, damit ich nicht umfiel. Nur verschwommen nahm ich die Rangen wahr, doch als Pauken und Trompeten den Raum erfüllten und der ganze Kasten zitterte, brach mir der Schweiß aus, als säße ich in einem Dampfbad. Plötzlich sah ich die Kinder wieder klar vor mir, meine Lebensgeister kehrten zurück, und als der Marsch zu Ende gespielt hatte, war ich gesund. »Sie sehen ja wieder aus wie das blühende Leben«, sagte die Aufseherin zu mir und machte große Augen. Das nenn ich Musiktherapie!

Verlassen wir das Museum und begeben uns auf die *Wallstraße* in Richtung Inselstraße. Vorbei an der Statue des Rolands von Brandenburg, sehen wir vor uns den »gotischen« Teil des Museums in den Himmel ragen. Rechts erheischen das Rote Rathaus und das alte Stadthaus unsere Aufmerksamkeit; aus der Distanz macht sich der Turm des Stadthauses, der aussieht wie ein Salzstreuer, ganz gut. Steht man vor dem Gebäude, relativiert sich dieser Eindruck: Die Behördenbauten nach der Jahrhundertwende entbehren meist der Ausgewogenheit. Ich empfinde den Bau von Ludwig Hoffmann, der zwischen 1902 und 1911 entstand, als zu rustikal und unproportioniert. Dem Klotz mit den schweren Quadern im Unterbau, den Kolossalsäulen und der trapezförmigen Ausdehnung haftet etwas unverlierbar Bombastisches an.

Blick auf den Turm des Stadthauses

Schräg hinter dem Zille-Denkmal katzbuckelt ein unscheinbares, rötlich schimmerndes Haus. Den früheren Backstein, im Sockel noch zu sehen, hat man mit dem zu DDR-Zeiten so »beliebten« Kratzputz verpfuscht. Hinter den Fenstern vertiefen sich nun Mitarbeiter des *Bezirksamts Mitte* in ihre Vorgänge, wirbeln mit ihren Aktendeckeln etwas Staub auf, sind aber sicher ahnungslos, wie sinnenfroh es in ihren Büros zu Kaisers Zeiten zuging. Hier befand sich damals ein Badehaus, einer der bekanntesten und beliebtesten Treffpunkte für homosexuelle Männer. Zwar war der Badewärter angehalten, mit Argusaugen darüber zu wachen, daß die erotischen Spielchen nicht überhandnahmen, meist drückte er aber vor den legeren Flirts in den Brausekabinen und Umkleiden die Augen zu. Auch die großen Zinkwannen in den Badekabinen, die auf gußeisernen Löwentatzen-

Im Zirkusmuseum

füßen standen, boten sich trefflich zum Planschen zu zweit an.

Vom vielbesuchten Bärenzwinger biegen wir in die *Rungestraße* ein, an dem blauroten Klinkerbau aus den frühen dreißiger Jahren vorbei; ein paar Schritte weiter erkennt man in den Klinker- und Backsteinfassaden die Relikte der Vergangenheit: links eine abgeblätterte Hausinschrift, die auf einen Schilderfabrikanten hinweist, der, zur Kaiserzeit ein Prädikat erster Güte, betont, daß er Hoflieferant sei.

Rechts taucht, völlig unvermutet, der obere Teil eines futuristisch anmutenden Gebäudes auf, das gar nicht hierher zu passen scheint und dessen Eingang an der Wallstraße, Ecke Inselstraße liegt. 1922/23 erbaut, gilt das Haus des Allgemeinen Gewerkschaftsbundes als ein bedeutendes Bauzeugnis der Neuen Sachlichkeit.

Wer Lust auf Museen hat, dem möchte ich zwei kleine Sammlungen ans Herz legen, die nicht weit von hier ihr Domizil haben: das Zirkus- und Varietémuseum, begründet von Markschiess van Trix, an der Inselstraße 7, Ecke Wallstraße, und das Schulmuseum an der Wallstraße 32. Von der Inselstraße kommend, kreuzen wir die Wallstraße, gehen weiter geradeaus, bis wir zum *Märkischen Ufer* gelangen.

Zwei Häuser aus dem 18. Jahrhundert, die Nummern 16 und 18, bilden an der grachtenartig bebauten Straße das *Otto-Nagel-Museum.* Der Künstler malte vorwiegend sozialkritische Motive und galt bald als der »Arbeitermaler vom Wedding«. Der Freund Heinrich Zilles war an der Entstehung des Films »Mutter Krausens Fahrt ins Glück« beteiligt, eines Milieufilms von 1929, der das Schicksal einer Berliner Proletarierfamilie kurz nach dem Ersten Weltkrieg behandelt und zum Teil in den Stuben der Gastwirtschaft Mulackritze in der alten Spandauer Vorstadt, auch Scheunenviertel genannt, gedreht wurde. Die Nazis erteilten Otto Nagel später Malverbot und kerkerten ihn 1936 im KZ Sachsenhausen ein.

Nur die alten Fassaden diesseits des Wassers wehren sich gegen den Geruch der Häßlichkeit, der Gemeinheit, des Vergessens, der sich von den freudlosen Betonburgen gegenüber ausbreitet und alles zu ersticken droht. Es ist mir fast unerträglich und peinigend, mich durch die Ansammlung hochgestockter Scheußlichkeiten zu bewegen, kein menschenfreundlicher Zug weit und breit, alles maßlos, grau, staubig, garstig. Hier entfaltete sich dereinst der *Fischerkiez,* die Wiege Alt-Berlins, mit wohlwollenden Häusern, teilweise aus dem 16. Jahrhundert, die ein müdes, aber anmutiges Gesicht zeigten – alles sinnlos zerstört. Ärzte wie Handwerker wohnten hier, eine Gutsinspektorenwitwe ließ sich im Laden des Puppenspielers alte Geschichten erzählen, mittelalterliche Keller mit dicken Tonnengewölben aus Klosterformatsteinen spendeten im Hochsommer Kühle, suggerierten Ernst und Melancholie.

Mir war das erschreckende Maß an Fatalismus gegen das Fallen der Lose gänzlich fremd, die Gleichgültigkeit gegenüber den Kulturverbrechen, die sich überall breitmachte. Ach, wie oft wünschte ich mir mehr Hände, um möglichst viel zu retten vom Fischerkiez. Doch den Sozialismus in seinem Lauf hielten weder Ochs noch Esel auf, vierzig Jahre lang Ruinen schaffen ohne Waffen.

Das Haus *Märkisches Ufer* Nr. 12, das jetzt das Restaurant »Zum dreisten Hahn« beherbergt, wurde am gegenüberliegenden Spreeufer, der Friedrichsgracht, abgetragen und als Kopie wieder aufgebaut. Dreist finde ich weniger den Hahn als die permanente Backpfeife, die einem von dem unsäglichen Glasvorbau verabreicht wird, konservatorisch ebenso unsinnig wie die gesamte Geländerkonstruktion. Auf die Mittelkämpfer* hat man, unhistorischer geht's wirklich nicht, einen Quader draufgehauen – zum Davonlaufen. Dabei waren die alten Fenster im Original vorhanden. Bei dem eigentlich Wichtigen hat man sich gar nicht erst aufgehalten: der Treppe. Sie sackt langsam ab, fängt an herumzustreifen wie eine Wanderdüne, und paßt man nicht auf, hat man in wenigen Jahren einen Bootssteg statt einer Treppe.

Der Aufgang im benachbarten *Ermeler-Haus* macht keinen besseren Eindruck. Bis Ende 1994 ist der Bau geschlossen. Dann soll alles wieder in – hoffentlich altem – Glanz erstehen. Im Juli 1994 schwingt hier freilich noch niemand den Pinsel. Das Ermeler-Haus, schönster Patrizierbau Berlins aus der Mitte des 18. Jahrhunderts, stand bis Anfang der sechziger Jahre an der Breiten Straße 11, fast Ecke Neumannsgasse, in der Nähe des jetzt verwaisten Staatsratsgebäudes der DDR, mit dem man nichts Rechtes anzufangen weiß.

Die rekonstruierte Fassade des Hauses geht zurück auf den Tabakfabrikanten Johann Friedrich Neumann, der das Anwesen 1804 erwarb, im hinteren Teil des Grundstücks eine Tabakfabrik errichtete und die Fassade klassizistisch umgestalten ließ. Von ihm stammt der Fries über dem Portal, der Tabakernte und -verarbeitung zeigt. Freilich schlampte man beim Wiederaufbau: Die Haustürprofilierung erinnert an die dreißiger Jahre dieses Jahrhunderts, die Gesimse über den Gittern rechts und links vom Eingang sind in ihrer Kastenprofilierung ein trostloser Schabernack; der Mittelrisalit** über dem Portal ist zu schmal, so daß das Relief an beiden Seiten übersteht. Den Blick in Richtung Dachgesims gewendet, überfällt mich gleich der nächste Schreck: Die

* Kämpfer: Querbalken bei Kreuzfenstern

** Risalit: in ganzer Höhe des Bauwerks hervorspringender Fassadenteil

1804 erwarb der Tabakfabrikant Johann Friedrich Neumann das Ermeler-Haus am Märkischen Ufer und ließ die Fassade klassizistisch umgestalten. Künstlerisch besonders bemerkenswert ist der Fries, der Tabakherstellung und -verarbeitung zeigt.

rechte Kröpfung des Mittelrisalits ist in ihren Maßen dilettantisch gearbeitet, eine Beleidigung fürs Auge – die einzig sauber ausgeführte Arbeit ist die der Stukkateure.

1824 erwarb Wilhelm Ermeler Haus und Fabrik. Durch ihn bekam das Gebäude seinen Namen. Ob er sich aufgrund des holprigen Werbespruchs bei den Berlinern eingeprägt hat, ist mir nicht bekannt: »Wo kommt der beste Tabak her / Merk auf, mein Freund, von Ermeler.«

Die Witwe des letzten Ermeler verkaufte 1914 das Haus an die Stadt mit der Auflage, daß Festsaal und Wohnräume im ersten Stock erhalten werden. Die prächtigen Wandmalereien und Deckengemälde lassen zumindest erahnen, wie die Patrizier in früheren Jahrhunderten lebten. Eine großartige Rokoko-Treppe mit einem vergoldeten schmiedeeisernen Geländer und zwei Putten, die in den Treppennischen stehen, weisen den Weg zu den distinguierten Speiseräumen des Restaurants mit den prachtvollen Kronleuchtern.

Das Haus an der Breiten Straße war in einem leidlichen Zustand, ein bißchen Stroh hing in einigen Zimmern aus der Decke, die Spuren des Krieges hatten sich nach einer Restaurierung zwischen 1953 und 1960 verflüchtigt. Als es von seinem Platz weichen mußte, weil den Genossen die Breite Straße nicht mehr breit genug war, trug man alles ab und brachte es in den »Neubau« am Märkischen Ufer: Stuckdecken, Wandverkleidungen, Flügeltüren, Kronleuchter, teilweise sogar die Fußböden und das schmiedeeiserne Treppengeländer nebst Gittertür, auf der das Schild angebracht ist: »Sachte zu«.

Da man nicht alles mitnehmen mochte, wurden das Märkische Museum und die Staatlichen Museen Berlin eingeschaltet, um das im Ermeler-Haus gelagerte kulturelle Bergungsgut zu sichten und zu übernehmen. Die ungemein tüchtige und verdienstvolle damalige Leiterin der Ost-Berliner Denkmalspflege, Waltraud Volk, rief mich zum Ermeler-Haus, nachdem die Museen geborgen hatten, was sie für ausstellungswürdig hielten. Über den Rest sprachen sie das Verdikt »museal dritt- oder viertklassig«, und der wurde nun mir angeboten: zwei Wanduhrgehäuse aus der Gründerzeit, die Uhrwerke bereits gestohlen, einige stark beschädigte Möbel und ein Stück, das ich wiedererkannte und das mich elektrisierte: das eichene Speisezimmerbüfett, gefertigt in der frühen Gründerzeit, aus dem Schloß Friedrichsfelde. Schon als Kind hatte ich es bewundert. Traurig lehnte es, in seine Bestandteile zerlegt, an einer nackten Wand. Selbstredend übernahm ich das Büfett, obwohl es in einem erbärmlichen Zustand war: An der Bildhauerarbeit am Aufsatz fehlten unter anderem eine geschnitzte Konsole und der Schubkasten, anderes war abgebrochen. Ich säuberte es, baute es zusammen, konnte aber die fehlenden Teile nicht ergänzen, so daß ich es nicht in meinem Museum ausstellte, sondern jahrelang im Depot lagerte. Bis 1986. Eine junge Dame, die ich flüchtig kannte, hatte in Pankow einen Österreicher geheiratet und erhielt die Erlaubnis auszuwandern. Sie durfte nur jene Möbel mitführen, die man ihr von offizieller Seite genehmigte. In der Regel fertigten Mitarbeiter staatlicher Museen die Expertisen, sie mußten vor allem darüber wachen, daß die Republikabtrünnigen keine wertvollen Kulturgüter ausführten. Denn die wollte der Staatliche Kunsthandel selbst in den Westen verscheuern – »Devisennot kennt kein Gebot«, hieß damals der Leitspruch.

Ab Mitte der achtziger Jahre stieg die Zahl der Auswanderer immer mehr an, die Mitarbeiter der Museen waren völlig überlastet. So verfiel man auf die bizarre Idee, mich in meiner Funktion als »Direktor« des privaten Gründerzeitmuseums ebenfalls in staatliche Dienste einzuspannen. Nun, da ich offiziell die Genehmigung erteilen konnte, genehmigte ich, was das Zeug hielt. Im Falle der nach Österreich Heiratenden auch ein Stück, das ihr gar nicht gehörte: das Büfett. Sie zog in die Nähe eines Schlosses in Oberösterreich, und dort lebte die Erbin Sigismund von Treskows, des letzten Schloßherrn von Friedrichsfelde: Ursula von Sydow. Für mich war sie die rechtmäßige Besitzerin des Büfetts; von Anfang an fühlte ich mich in der Pflicht, das Familienstück zu bewahren, einfach um einen winzigen Teil des Unrechts wiedergutzumachen. Denn die Behörden hatten bei der Ausräumung des Schlosses Friedrichsfelde nach dem Krieg ganze Arbeit geleistet: Sie klauten, nachdem die sowjetische Armee ausgezogen war, die Möbel aus dem

Schloß und räumten die Bibliothek wer weiß wohin, sage und schreibe zwölftausend Bände.

Das Büfett konnte restauriert werden, über dem Etagerenaufsatz blüht wieder das Familienwappen derer von Treskow. Das Schloß in Oberösterreich beherbergt eine Begegnungsstätte für Jugendliche aus aller Welt – und das Büfett trohnt nach seiner langen Odyssee und allen Fährnissen zum Trotz im Speisesaal, wo jetzt die jungen Menschen, in vielen Sprachen durcheinanderschwatzend, ihre Mahlzeiten einnehmen, zuvor den Tisch decken und dabei immer wieder das Büfett berühren, denn schließlich bewahrt es die Tischwäsche – was kann es Schöneres geben für so ein altes Möbel?

Wir gehen weiter, biegen rechts in die *Fischerinsel* ein, überqueren die *Gertraudenstraße*, doch halt: Berlin ist in den letzten Jahrzehnten auf dem Weg zur autogerechten Stadt auch im Osten ein gutes Stück vorangekommen, auf den acht Spuren der Gertraudenstraße ist der Verkehr wimmelnd, nervös, manche fahren, als ritten sie ein ungezähmtes Pferd, Radfahrer riskieren in Scharen ihren Hals, und Fußgänger zählen an dieser Kreuzung nicht viel, weshalb man sie in die Erde schickt, um die Straße zu unterqueren. Die Höhle verlassend, stehen wir auf der *Breiten Straße*, rechts sehen wir wieder den Turm des Stadthauses. Noch ein paar Meter weiter, und wir haben einen sehr schönen Blick auf ein eigentümliches Dreigespann: den Fernsehturm am zugigen Prunkstück des Sozialismus, dem Alexanderplatz, das Rote Rathaus, erbaut 1861 bis 1869 von Hermann Friedrich Waesemann, und die Nikolaikirche, das älteste sakrale Gebäude Berlins, mit dessen Bau um 1380 begonnen wurde und das von hervorragenden Fachleuten zur DDR-Zeit historisch getreu wiederaufgebaut worden ist. Bis dahin war es ein langer Weg: Die SED-Parteifritzen für Kultur hatten allen Ernstes die Absicht, dieses erstrangige Zeugnis Berliner Stadtgeschichte zu sprengen, und nur dem unermüdlichen Einsatz der Mitglieder des »Nikolai-Kreises« ist es zu verdanken, daß die Kirche noch steht.

Die Breite Straße entwickelte sich nach dem Bau des Schlosses zur vornehmsten Adresse der Residenz; im

16. und 17. Jahrhundert erhielten höhere Hofbeamte die Grundstücke als Lehen. Eigentlich gehen wir über die Hinterhöfe, die Vorderhäuser der Breiten Straße befanden sich ungefähr da, wo jetzt die Mitte der Fahrbahn verläuft.

Etwa auf der Höhe der *Neumannsgasse* erstreckt sich auf der gegenüberliegenden Seite, Breite Straße 36/37, der *Alte Marstall*, in dem die Hohenzollern ihre Rappen unterbrachten. Die DDR legte bekanntlich bei der Pflege der Geschichte die Maßstäbe des ganz kleinen Karos an: Der Marstall steht nur deshalb noch, weil einige Matrosen und Arbeiter in den Wirren 1918/19 hier ihr Revolutionsdomizil aufschlugen und berieten, was zu tun sei. Für die DDR war der Neobarockbau dadurch hinreichend unverdächtig, klassenbewußter Arbeiterschweiß hatte ihn geadelt. Wenn es nicht so zum Weinen wäre, denn wie viele Kulturdenkmäler wurden abgerissen, weil sie kein »Hier tagten einmal die Helden des Sozialismus-Prädikat« vorzuweisen hatten, könnte man über soviel Borniertheit nur Kübel an Spott ausgießen.

Die Breite Straße 35 ist die Adresse des einzigen erhaltenen Spätrenaissancebaues Berlins, des *Ribbeck-Hauses*. 1624 für den kurfürstlichen Kammerrat Hans Georg von Ribbeck aus zwei noch älteren Häusern geschaffen, mußte das Hintergebäude nach dem großen Marstallbrand im Jahre 1665 den neuen, ausgedehnteren Stallungen weichen. Im Vorderhaus waren deren Mitarbeiter untergebracht, bis 1918 wohnte hier zum Beispiel der Königliche Vize-Stallmeister. Besondere Beachtung verdient das für die Spätrenaissance so charakteristische rundbogige Portal aus Sandstein mit den knorpeligen Ornamentformen.

Durch die *Neumannsgasse* hinter dem Staatsrat gelangen wir zur *Brüderstraße*, einem unscheinbaren Gäßchen, dessen Häuser aber viel zu erzählen haben. Für den Neubau des Staatsrates und den dahinterliegenden Garten wurde die Brüderstraße gekappt, ursprünglich mündete sie auf den Schloßplatz, später in Marx-Engels-Platz umbenannt. Die Staatsratsbonzen wollten auf ihre Grünanlage nicht verzichten, so daß die gemütlichen alten Häuser, die dort standen, abgerissen wurden.

Der Staatsrat mit dem historisch getreu wiederaufgebauten beziehungsweise restaurierten Eosander-Portal des Hohenzollernschlosses war zu DDR-Zeiten terra incognita für den Normalsterblichen. Hier kam niemand hinein, der nicht der Nomenklatura angehörte; mir wäre es allerdings auch nicht im Traum eingefallen, mich dorthin zu begeben. Versammelten sich mehr als zwei Leute vor dem Gebäude, waren die uniformierten Wachposten, Gewehr bei Fuß, gleich zur Stelle und forderten: »Auseinandergehen!«

»Na, wie soll ick denn auseinandergehen?« soll ein frecher Berliner mal geantwortet haben. Es wird ihm nicht gut bekommen sein, Humor war nicht gerade der ausgeprägteste Wesenszug der Uniformierten.

Von außen noch einigermaßen angenehm anzusehen, vor allem wegen der Natursteinverkleidung, verbreitet der zwischen 1962 und 1964 errichtete Bau im Inneren den typisch sozialistischen Charme – irgend etwas zwischen Tiefgarage und Kühlhaus.

Doch zurück zur Neumannsgasse: vor uns, der monumentale NS-Stil ist unverkennbar, die Seitenfront des ehemaligen Reichsbankgebäudes, in das später das ZK der SED einzog. »Die Ställe sind dieselben, nur die Schweine sind andere«, pflegte meine Tante Luise zu sagen, wenn sie in den fünfziger Jahren hier vorbeikam.

Das barocke Haus an der Brüderstraße 10 ist als *Galgenhaus* in die Geschichte eingegangen. Vor mehr als zwei Jahrhunderten, so erzählt eine grausige Anekdote, versah dort beim Minister von Happe eine Hausmagd ihren Dienst. Eines Tages fehlte ein silberner Löffel, das Dienstmädchen wurde beschuldigt, ihn entwendet zu haben. Damals stand auf ein solches Vergehen die Todesstrafe. So errichtete man vor dem Haus einen Galgen und hängte das arme Menschenkind auf. Der Löffel fand sich kurze Zeit später im Garten wieder, verscharrt von einer vorwitzigen Ziege. Was war ich empört, als ich diese Geschichte, für mich ein glatter Justizmord, das erste Mal hörte. Und noch heute bewegt mich das Schicksal des armen Dienstmädchens, auch wenn die ganze Sache schon Jahrhunderte zurückliegt.

Am Portal der Brüderstraße 11/12 breitet ein Adler über Flammen seine Schwingen aus: Hier ließ sich die

Feuersocietät – nach meiner Schätzung zwischen 1902 und 1904 – ein schmuckes neobarockes Domizil errichten.

Das *Nicolai-Haus* an der Brüderstraße 13 wurde 1674 gebaut und 1710 vergrößert. Der Berliner Schriftsteller und Verleger Friedrich Nicolai kaufte es 1787 und ließ es durch den Maurermeister Carl Friedrich Zelter seinen Bedürfnissen entsprechend umbauen. Damals erhielt es sein bis heute im wesentlichen erhaltenes Aussehen.

Die eigentlichen Schätze birgt das Haus im Inneren. Nicht nur das reich geschnitzte eichene Treppengeländer im Vorderhaus, etwa um 1700 und von ähnlicher Qualität wie jenes im Schloß Friedrichsfelde, ist eine Augenweide, sondern auch der malerische, begrünte Hof. Tatsächlich handelt es sich bei ihm um einen der wenigen erhaltenen barocken Innenhöfe der Stadt.

Durchschreitet man ihn – durch einen solchen Hof kann man nicht »laufen« –, gelangt man ins Quergebäude. Dort empfängt uns eine klassizistische Treppe reinen Wassers, die messingnen Pinienzapfen auf dem Geländer – wer wollte sie nicht streicheln?

Diese Treppe hat mehrere Reisen hinter sich: 1936 wurde sie vor dem Abriß des Weydinger-Hauses an der Unterwasserstraße ausgebaut, anschließend ins Ermeler-Haus gebracht, wo sie erneut – vor dem Abriß an der Breiten Straße – entfernt wurde, um im Nicolai-Haus ihre hoffentlich letzte Heimstätte zu finden. Das Broncegeländer der um 1830 gebauten Treppe stammt übrigens von Karl Friedrich Schinkel. Mit ihr korrespondieren sowohl die beiden Stuckreliefs als auch das mit farbigen Ornamenten reich versehene Fensterglas im Treppenhaus.

Schräg gegenüber an der Brüderstraße 26 verwahrt ein zur Jugendstilzeit errichteter Bau Tristesse. Schaut man durch die blinden Scheiben, blickt einem die Schwermut ins Gesicht: nackte Wände, verrottete Kühltruhen. Zu DDR-Zeiten offerierte hier ein Konsum Lebensmittel.

Bei dem stark dem Historismus verpflichteten Gebäude handelt es sich um ein ehemals berühmtes Kaufhaus, das bereits 1839 gegründet worden war. Um 1900

Vorm ehemaligen Kaufhaus Rudolf Hertzog

kaufte ganz Berlin dort ein: *Rudolf Hertzogs Warenhaus* genoß damals Weltruf und zog sich mit vielen Anbauten ums ganze Karree.

Hertzog, der Enkel des Gründers, war kurz nach der Jahrhundertwende der erste, der sich ein Automobil in Berlin zulegte. Folglich erhielt er vom Polizeipräsidenten die Berliner Nummer 1A-1. Kaiser Wilhelm II. erwarb kurze Zeit später seinen ersten Mercedes und erhielt die Nummer 1A-2, was ihm gar nicht behagte. Doch alle Interventionen halfen nichts: »Bedaure Majestät, Nummer 1A-1 bereits vergeben«, beschied ihn der Polizeipräsident militärisch knapp. Hertzog hatte den ersten Wagen angemeldet, also mußte Wilhelm II. mit der zweiten Nummer vorliebnehmen – Seine Majestät soll ziemlich konsterniert geguckt haben. Das gefällt mir, der Kaiser hatte sich zu fügen, an der preußischen Ordnung konnte Wilhelm II. nichts drehen, Majestät hin oder her.

Zurück zur *Sperlingsgasse*, die früher Spreegasse hieß; erst 1931, zum 100. Geburtstag des Dichters Wilhelm Raabe, der ihr in seinem Buch »Die Chronik der Sperlingsgasse« ein Denkmal gesetzt hatte, wurde sie umbenannt. Im 17./18. Jahrhundert lebten hier die »Jungfern«, Prostituierte, nach denen die benachbarte *Jungfernbrücke* ihren Namen hat. Die Jungfernbrücke

Klassizistische Treppe im Nicolai-Haus

ist die älteste erhaltene Zugbrücke Berlins, 1798 erbaut. Sie führt über einen Spreearm und, architekturgeschichtlich betrachtet, vom sozialistischen Regen in die nazistische Traufe. Stehen wir nämlich an der Ostseite der Reichsbank und schauen zurück, erblicken wir einen DDR-Bau im typischen Betonsilo-Stil, trostlos wie eine Eiswüste: Wenn ich eine solche Fassade sehe, wie mit dem Lineal gezeichnet, die Balkone in langweilig pastelligen Farben, läuft mir selbst im Hochsommer eine Gänsehaut über den Rücken – schlimmer ging's nimmer. Früher stand dort unter anderem die älteste Gaststätte im Kiez, die Goldelse, in der schon Zille seine Molle zischte. Die alte Wirtin lebte noch in den sechziger Jahren, die Denkmalspflege restaurierte das Haus für sechshunderttausend Mark, wenig später wurde es im Zuge des »Nationalen Aufbauwerks« abgerissen.

Wenden wir uns nun der nationalsozialistischen »Baukunst« zu. Nur das ehemalige Luftfahrtministerium an der Leipziger Straße, in dem früher Göring mit roher Bonhomie sein Unwesen trieb und in dem heute die Treuhand ihren Sitz hat, wirkt brutaler als die *Reichsbank* – beides steingewordene Phantasien von Kleinbürgern im Riesenformat, kaltes, unverhülltes Ant-

»Die Ställe sind dieselben, nur die Schweine sind andere.« Meine Tante Luise nahm in ihrem ganzen Leben kein Blatt vor den Mund, und so erschien ihr das ehemalige Reichsbankgebäude, in dem sich zu DDR-Zeiten das ZK der SED eingerichtet hatte, genauso verdächtig wie mir. Die NS-Architektur hat sich hier ein monströses Denkmal gesetzt.

Die Wucht der Vorderfront, die irrsinnig hohen Säulen, das maßlose Portal – alles verweist in seinen gespenstischen Ausmaßen auf den Willen der Nazis, ihre Macht in Stein zu verewigen. Noch in der Eingangstür sollte sich der einzelne Mensch klein fühlen wie ein Würmchen.

litz der Macht. Mit einer Architektur der gespenstischen Ausmaße wollte man die allgegenwärtige Brutalität des Nationalsozialismus in der Gesellschaft hoffähig machen. Hitler selbst genehmigte die Pläne für den ungegliederten Steinhaufen: Ein Mittelrisalit fehlt, die Lisenen* der drei Eingangstüren sind völlig überproportioniert, die Fenster viel zu schmal. Die irrsinnig hohe Eingangspforte der Reichsbank ist typisch fürs »Dritte Reich«; der unwiderstehliche Geschmack am Unmäßigen, an den berauschenden Formaten hatte seine Ursache in dem ungenierten Blick auf Wirkung, die den Menschen, noch unter dem Portal klein wie Würmchen, den Schauder vor der Größe des Regimes einimpfen sollte – Architektur als Mischung aus Tempeldienst und kindischer Rekordsucht einer Diktatur, die der Hinfälligkeit ihrer Macht durch gewaltige Bauten zu begegnen trachtete.

1945 flüchtete ich vor einem Kugelhagel ins Reichsbankvestibül. Doch statt Schutz erwarteten mich acht SS-Männer, die »Hände hoch« brüllten. Ach Gott, dachte ich, machte vor Schreck einen Knicks und stammelte: »Entschuldigung, es ist Beschuß, ich wollte nur Unterschlupf suchen, aber ich geh sofort wieder«, drehte mich auf dem Absatz um und lief raus. In der Nähe des Schlosses, an Ruinenwänden Schutz suchend, erregten dumpfe Stiefeltritte meine Aufmerksamkeit. An mir vorbei jagte, sinnlosen Marsches, ein Trupp der Wehrmacht, die Karabiner im Anschlag, Brotbeutel an den Seiten, die Tornister geschultert. Das Schloß und die Häuser an der Brüderstraße nahmen keine Notiz, kein verpapptes Fenster rührte sich, der Zug zog gespenstisch irrlichternd wie eine Fata Morgana vorüber, bis, Sekunden später, Splitterbomben fielen. Ich hastete hinter einen Türbogen, kauerte mich hin, steckte die Finger in die Ohren und hörte doch die Schreie der sterbenden Soldaten – junge Männer, zerfetzt und verblutet für nichts und wieder nichts.

* Lisene: flach hervortretender, pfeilerartiger Mauerstreifen zur Gliederung der Fassade

Vom Haupteingang der Reichsbank aus hat man eine eigentümliche Sicht auf die verschiedenen Architekturen der Gegend: links vor uns die grazile Friedrichwerdersche Kirche von Schinkel, daneben das ehemalige DDR-Außenministerium, das in seinem schmutzigen Blau-Weiß leuchtet wie ein abgetakelter Dampfer im Brackwasser, dahinter der wilhelminische Dom, seine gründerzeitliche Pracht schon aus dieser Entfernung triumphierend herzeigend.

Das Außenministerium gehört genauso abgerissen wie der »Ballast« der Republik, wie der ehemalige Sitz der Volkskammer im Osten scherzhaft genannt wurde. Sicher, stünde er woanders, sollte man ihn erhalten, schließlich verkörpert auch er ein Stück Geschichte. Aber hier sollte wieder das Stadtschloß entstehen!

Mehr als fünfhundert Jahre bestimmte es die Architektur der Umgebung: 1443 begonnen und 1716 in seinen barocken Formen vollendet, reichte es vom asbestverseuchten Palast der Republik über den gesamten Marx-Engels-Platz fast bis zur Spree; gekrönt von einer Kuppel an der Westseite, war es Mittelpunkt der Residenzstadt.

Von der Altstadt Berlins, dem Fischerkiez, ist nichts mehr übrig; geblieben sind die Reste des preußischen Berlins mit den Bauten Unter den Linden, dem Alten Museum, dem Zeughaus, der Staatsoper, der Humboldt-Universität, sowie dem Gendarmenmarkt. Doch ohne das Schloß ist das ganze Ensemble nicht mehr als eine Brosche, der das Wichtigste fehlt: die Perle in der Mitte.

1944/45 beschädigten Luftangriffe den barocken Bau, verpaßten ihm einen riesigen Schmiß an der Lustgartenflanke, rissen eine tiefe Wunde in die Seite zum Marstall; das Schloß war schwer beschädigt, keine Frage, aber nach übereinstimmender Meinung der Fachleute restaurierbar. Rußgeschwärzt, gleichwohl immer noch imposant sich erhebend, lag die ausgebrannte Kuppel vor mir, als ich mich zusammen mit meinem verehrten Lehrmeister Professor Walter Stengel vom Märkischen Museum 1950 ins Schloß begab, um zu retten, was nicht mehr zu retten war.

Den noch erhaltenen Teil des Schlosses bewachten Volkspolizisten, niemand durfte ihn ohne Sondergenehmigung betreten. Die Vopos schienen sich zu langweilen und vertrieben sich die Zeit damit, in den Schloßsälen den Putten die Augen auszuschießen. Während Professor Stengel und ich über Trümmer und mutwillig zerstörte Glasscheiben stiegen, krachte es fortwährend und jahrhundertealte Deckenstukkaturen knallten auf den Marmorboden.

In einem Zimmer fand ich einen vom Fenster abgerissenen Messingknauf, die Olive mit den Initialen F.R. – Fridericus Rex. In einem anderen Zimmer entdeckte ich neben einem brachial zerschlagenen Ofen zwei unbeschädigte Kacheln, die eine mit dem Stern und dem Wahlspruch der Hohenzollern »suum cuique!« – »Jedem das Seine!« Die drei Stücke besitze ich heute noch.

Was hätte man aus dem unschuldigen Schloß nicht alles bergen können! Broncene Treppengeländer, Marmorstufen und wundervoll erhaltene Kandelaber, doch verschrottete man die Treppengeländer, traktierte die Marmorstufen mit Vorschlaghämmern, köpfte die Kandelaber an den Treppensockeln.

Tiefbetrübt schritten wir durch das sterbende Schloß, meinem Chef blutete das Herz, irgendwann hatte er genug gesehen, entgeistert sah er mich an, rief mit zitternder Stimme: »Kommen Sie, wir müssen hier raus. Wir können sowieso nichts mehr retten. Das ist ein Mord an einem Gebäude, an einem Kunstwerk, und nie wieder gutzumachen.« Wir verließen das Schloß. Kurz danach wurde es auf Befehl Walter Ulbrichts, der hier an seiner Statt einen Roten Platz errichten wollte, in einem Akt beispielloser Barbarei gesprengt.

Mitte der fünfziger Jahre entdeckte ich zwei der riesigen Schloßtüren im provisorischen Quartier des Kunstgewerbemuseums an der Wallstraße, in letzter Minute hatte man sie retten können, sie waren, wie mir der damalige Museumsleiter berichtete, das einzige, das nicht zertrümmert worden war.

Meiner Meinung nach kann man an dieser städtebaulich so prominenten Stelle nicht einfach einen Neubau hochziehen, und sei er an die Ausmaße des Schlosses angelehnt. Die historische Bebauung der Mitte Berlins ist für mich nur mit ihrem Kristallisationspunkt Schloß zu denken.

Schloßattrappe und ehemaliges Staatsratsgebäude

Die Finanzierung ist ein Problem, ich gebe es zu. Und das Land Berlin soll keine Schlösser, sondern Wohnungen bauen. Aber was wäre mit folgender Idee: Jeder gibt für einen gewissen Zeitraum pro Jahr eine Mark, und in fünfzehn, zwanzig Jahren – Rom wurde schließlich auch nicht an einem Tag erbaut – könnte die Fassade des Schlosses der Stadt wieder ihr altes Antlitz verleihen.

Denkmalspfleger wenden ein, man schaffe ein potemkinsches Dorf aus neuen Steinen, eine Kopie, die mit dem, was einmal war, nichts zu tun hat. Das ist so kurz gedacht: Wie schnell vergehen fünfzig Jahre! Und die zukünftigen Generationen werden das Schloß betrachten und sagen: Ja, vor fünfzig Jahren stand hier nichts mehr, dann baute man es wieder auf, so wie es ganz früher mal war. Wer jemals Warschau besucht und durch die – als Kopie! – wiederauferstandene Altstadt schlendert, die die Nazis beim Warschauer Aufstand 1944 dem Erdboden gleichmachten, weiß, was ich meine.

Auch könnten Handwerker zeigen, was für Schönheiten zu schaffen sie in der Lage sind: die Maurer, die Steinmetze, die Stukkateure, die Kunstmaler, die Zimmerleute – eine Tradition würde wieder aufleben.

Einige Innenräume könnte man historisch wiedereinrichten und als Museum nutzen, beileibe nicht alle, das ist weder nötig noch möglich. Andere Teile könnten ein Kommunikationszentrum beherbergen, wieder andere Ballsäle, allerdings nicht nur für die High-Society, sondern auch für den Telefonarbeiter, der tagsüber Gräben buddelt, die Verkäuferin, die in der Markthalle am Alex das Gemüse verkauft. Das Schloß als Haus für die Allgemeinheit, das wär doch was!

Wenden wir uns der *Friedrichwerderschen Kirche* zu: Sechs verschiedene Pläne in vier verschiedenen Stilen erarbeitete Karl Friedrich Schinkel für ihren Bau. Neben den drei gotischen Varianten skizzierte er zwischen 1821 und 1824 ein dorisches, ein korinthisches und ein römisches Modell. Der Kronprinz bevorzugte eine »Kirche im Mittelalterstil«, und so fiel 1824 die Entscheidung zugunsten einer zweitürmigen neogotischen Variante, die errichtet wurde auf dem Platz der baufällig gewordenen Vorgängerkirche aus dem 17./18. Jahrhundert. 1830 war der Neubau in nüchterner gotischer Strenge auf den Boden der Wirklichkeit gestellt.

Im Grunde entsprach die Stilrichtung der Pfeilerkonstruktionen und Spitzbögen wohl auch dem Schinkelschen Wesen. Das war ein Mann so recht nach meinem Geschmack: einfach und verständlich bauend, dabei so sehr um das Dauerhafte und Natürliche seiner Architektur bemüht. Der romantische Hang zum Erkünstelten, zum üppig Gebauschten war seinen Bauwerken fremd und seinem Wesen nicht minder. Ein Missionar an innerer Harmonie und Menschlichkeit, von vornehmer Zurückhaltung, einfach und bescheiden: immer im blauen Überrock und tadellos weißer Wäsche gekleidet, war sein Benehmen in der Öffentlichkeit unprätentiös bis liebenswürdig, sein Arbeitsethos ganz von protestantischem Pflichtbewußtsein erfüllt. Dabei brachte sein Genie nicht nur als Baumeister Außerordentliches zustande: In seinem rastlosen Schaffen entwarf er Bühnenbilder, schuf Theaterdekorationen, wirkte als Bildhauer ebenso wie als Maler und Möbelkonstrukteur. In zähem Ringen mit Friedrich Wilhelm III. vermochte er seine Vorstellungen weitgehend gegen den ebenso trägen wie knausrigen Monarchen durchzusetzen. Im Jahre 1840 erkrankte Schinkel schwer, letztlich Folge einer lebenslangen Überanstrengung und Verzehrung der Kräfte, und starb am 9. Oktober 1841.

Die Friedrichwerdersche Kirche war das erste neogotische Backsteingotteshaus Berlins und damit von großer Bedeutung für die Kirchenbauweise im 19. Jahrhundert überhaupt. Im Zweiten Weltkrieg hatte sie schwer zu leiden: Granaten rissen tiefe Wunden in die Südfassade, der Sakralbau glich einer ausgebrannten Ruine. 1950 brachte man ein Notdach an und überließ das Gebäude seinem Schicksal. Da stand es nun in menschenleerer Verlassenheit, als ich in den sechziger Jahren in die benachbarten alten Häuser an der Ostseite der Kirche schlüpfte. Um Platz zu schaffen für den Außenministeriums-Schuppen, wollte man nicht nur die Schinkelsche Bauakademie schleifen, deren ausgebrannter, aber stattlicher Kubus noch nach dem Zweiten Weltkrieg den Werderschen Markt prägte, sondern auch die kleinen Bürgerhäuser aus der Zeit um 1800, die zwischen Friedrichwerderscher Kirche und Bauakademie standen. In einigen schlängelten sich die klassizistischen Treppengeländer die Stockwerke empor, alte Türen knarzten, messingne Glocken mit den originalen Glockenzügen ließen in früherer Zeit die Menschen aufhorchen, wenn Besucher unten den Porzellangriff betätigten. Die Häuser waren verlassen, die Scheiben zerschlagen, Türen eingetreten, Öfen beschädigt. Ich fand einige Garderobe: Kleider, Röcke und Blusen, die die Bewohnerinnen nicht mitnehmen mochten in ihr neues Zuhause in irgendeinem schäbigen Betonbau. Ganze Berge türmten sich vor mir auf. In einer Wohnung stand ein Trumeauspiegel, verschmutzt und halbzerbrochen. Ich veranstaltete eine Modenschau, nur für mich allein, legte Blusen und Röcke an, verwarf einen Mantel, faltete fein säuberlich ein Sommerkleid, um es mitzunehmen – noch heute trage ich es. Auf den Dachböden barg ich ein Regulatorgehäuse, Möbelteile, eine Marmorplatte für eine Waschtoilette, selbst ein altes Bügeleisen entdeckte ich.

Bedächtig suchte ich die Kammern ab, schaute durch die Dachluken hinüber zum Gotteshaus und sah durch die leeren Fensterhöhlen ins Innere. Durch die eingefallene Südfassade heulte einsam der Wind, strich der Regen. Nach einer Weile brach die Sonne durch, und für einen kurzen Moment erstrahlte das Kirchenschiff, als wäre es noch stolz und prächtig. Und doch: die Kirche lag vor mir wie eine vergangene Zeit, die gestorben, aber nicht verwest war, eine Stunde im Krieg, die lange zurück lag, war hier mumifiziert worden. Gleichzeitig hatten sich die Spuren des Krieges und der Notzeit eingenistet: Berge von Schutt und Trümmer stapelten sich auf dem Boden, Abfälle, verrostete Eisenbettstellen – die Friedrichwerdersche Kirche war zur Müllhalde verkommen.

Nach der vorzüglichen Restaurierung von 1982 bis 1987 steht sie wieder an ihrem Platz, als wäre nie etwas gewesen. Besonderes Augenmerk verdienen die prächtigen Bleiglasfenster, die wir der Firma Dieter Schöltzel aus Mahlsdorf verdanken.

Ich weiß, was sie für eine Arbeit hatte, denn schließlich habe ich in der Vorgängerfirma dieses Handwerk erlernt. In den fünfziger Jahren gehörte der Betrieb noch Katharina Peschel, damals die einzige Glasmalerin der DDR. Wir kannten uns sehr gut, da wir in Mahlsdorf fast Nachbarn waren. Sie holte sich bei mir manchen Rat, wenn ihre Möbel gelitten hatten. Ihre beiden Töchter gebärdeten sich nämlich manchmal wie Hund und Katze, rauften wie die Bürstenbinder, ohne Rücksicht aufs Mobiliar, und nicht nur Jugendstilvasen gingen dabei zu Bruch.

Käthe Peschel, Jahrgang 1908, starb 1988 an einem Leberschaden; auch wenn achtzig Jahre für einen Menschen ein schönes Alter sind, bleibt sie ein beklagenswertes Opfer ihres Berufs. Ich hätte ihr noch ein paar Jahre mehr gewünscht, aber niemand schuftet jahrzehntelang ungestraft in Bleidämpfen.

Im landläufigen Sinne war sie nicht hübsch, die Gesichtszüge etwas zu grob, die Nase gebogen, aber für mich eine der schönsten Frauen, die ich kennengelernt habe, nämlich von Wesen und Seele her schön. Und was zählt demgegenüber bei einem Menschen die äußerliche Attraktivität, die mit den Jahren sich verflüchtigt wie Schnee in der Märzensonne?

Besonders imponierten mir ihre maskulinen Züge, die ihr zweifellos dabei halfen, den steinigen Acker in ihrem Leben zu pflügen: Ihr Mann, auch er ein bekannter Glasmaler, fiel in Rußland; der Krieg war nicht das Handwerk dieses Boheme-Künstlers mit dem Vollbart und dem unvermeidlichen riesigen schwarzen Schlapphut auf dem Kopf. Ich sehe ihn noch vor mir, wie er im wehenden Mantel das Mahlsdorfer Heim verläßt – in jedem Spielfilm hätte er trefflich, ohne sich eigens kostümieren zu müssen, einen Maler um 1900 abgegeben.

Mit starker Hand baute Käthe Peschel, die ihre antike wie moderne Literatur genauso gut kannte wie ich meine Gründerzeitkataloge, nach 1945 den ausgeplünderten Betrieb wieder auf und leitete ihn durch alle Untiefen. Selbst in der täglichen Arbeit war sie sich für die niedrigsten Tätigkeiten nicht zu schade, fürs Schleppen der schweren Glaskästen zum Beispiel. »Das fehlte noch, Lottchen«, erklärte sie kurz und bündig, als ich ihr einmal eine Kiste abnehmen wollte.

In den fünfziger Jahren erhielt Käthe Peschel den Auftrag, die Bleiverglasungen des wiederaufgebauten Roten Rathauses herzustellen. Eigentlich, so sollte man denken, hätte sie sich über eine solche Mission freuen müssen, doch da waren die SED-Parteitage vor: Nicht die Möglichkeiten der einzelnen Betriebe für den Wiederaufbau und die Restaurierung wichtiger Gebäude waren maßgebend, sondern der Zeitpunkt des nächsten Parteikonvents bestimmte den Termin für die schlüsselfertige Übergabe. Wie im finstersten Feudalismus die Fürsten den Fronbauern zu besonderen Anlässen ein paar Hühner mehr abpreßten, verdonnerte man die ausführenden Firmen dazu, »freiwillig« in Sonderschichten zum Wohle des Sozialismus zu schuften. Mit dem Ergebnis, daß sich die Funktionäre auf ihren Kongressen gegenseitig in weihevollen Worten der besonderen Verbundenheit des Volkes mit seiner Führung versicherten.

Und wehe dem, der den SED-Delegationen, die ihr Mekka Parteitag zelebrieren wollten, bei diesem immergleichen Märchenschauspiel Steine in den Weg zu legen drohte, nicht aus Böswilligkeit, sondern weil einfach nichts mehr ging, weil man allen Mitarbeitern schon alles abverlangt hatte. »Ich bin in großen Nöten, ich schaffe es einfach nicht, und mir droht eine riesige Konventionalstrafe«, klagte Käthe Peschel und bat mich, ihr zu helfen. Ich durchlief eine Blitzausbildung, lernte Blei schmelzen, gießen und ziehen. Beim Schmelzen des alten Kirchenbleis stiegen giftige Dämpfe auf, so daß man kaum noch gucken konnte. Um die Gesundheitsschäden abzumildern, bekamen wir Milch zu trinken, die das Blei im Körper binden sollte – das waren die fünfziger Jahre.

In speziellen Formen gossen wir das Schwermetall, im Bleizug wurde es gestreckt, Käthe malte die verlangten Motive auf das Spezialglas, und anschließend ging es zu wie in einer Backstube: Die zugeschnittenen Glasteile legten wir auf ein Blech und schoben sie in den Ofen, damit die Malerei einbrannte.

Die Technik der Bleiverglasung ist eine Wissenschaft für sich. Da kaum jemand weiß, wieviel Mühe ein so schönes Glas wie das in der Friedrichwerderschen Kirche in der Herstellung bereitet, möchte ich ein bißchen aus dem Nähkästchen plaudern. Im Prinzip funktionieren Bleifenster wie durch Holzsprossen verbundene kleine Fenster: Das Blei soll das Glas zusammenhalten. Damit der Sturm es nicht beschädigte, verlötete ich das Glas mit den Bleiteilen, eine wahre Hebammenarbeit. Tröpfelte zuviel Lötzinn aus dem Kolben, ragten häßliche Spitzen aus dem Lötsee, und beim Putzen der Fenster zerriß der Lappen; tröpfelte zu wenig, wurde die Scheibe womöglich eine Beute des Windes, verabschiedete sich von der Umrahmung und zerbrach.

Wenn alles verlötet war, füllte ich mit Kitt den verbliebenen Raum zwischen Blei und Glas. Dazu bediente ich mich eines abgerundeten Bleimessers, drückte den Kitt hinein, damit alles dicht war. Anschließend warf ich etwas Holzmehl auf die Scheibe und verrieb es mit einem Lappen, damit das Kittfett entfernt wurde. Hochkant transportierten wir die Glasteile zum Roten Rathaus.

Auch von märkischen Dorfkirchen erhielt Käthe Peschel Aufträge. Einmal mußte ich zur Kirche in Friedrichsthal bei Oranienburg, um ein neues Fensterteil zu montieren. Der Pfarrer hatte es immerhin geschafft, bei einem benachbarten Bauern eine gigantische Leiter aufzutreiben. Sie wackelte, und ich turnte in Damenhose, tailliertem Mantel und Kopftuch in luftigen sieben Meter Höhe am großen runden Kirchenfenster herum. Besorgte Passanten blickten zu mir hoch und wendeten

Schinkelsche Anmut und sozialistische Scheußlichkeit liegen in der Gegend um den Werderschen Markt nah beieinander. Lange wird das ehemalige DDR-Außenministerium die Friedrichwerdersche Kirche nicht mehr in den Schatten stellen: 1995 wird es endlich abgerissen.

sich kopfschüttelnd ab: »Daß die junge Frau bloß nicht runterfällt!«

Zunächst bog ich von außen mit dem Messer das alte Blei am zerschlagenen Fenster aus der Zeit um 1880 auf, dann erst konnte ich das neue, sehr unhandliche Glasteil einsetzen. Das war der spannendste Moment, ein falscher Ruck, und die neue Scheibe wäre mir in die Friedrichsthaler Kirche gefallen und in tausend Stücke zerschellt. Denn von innen stützte niemand das Glas, eine zweite Leiter hatte der Dorfpfarrer nicht auftreiben können. Die Kittprozedur dauerte endlos, ganz zart, unter viel gutem Zureden, drückte ich ihn mit dem Bleimesser in die Fugen, eine Stunde verging, und als ich mit zitternden Knien meinen Weg nach unten nahm, war ich naßgeschwitzt und meine Ohren glühten, obwohl es doch schon kalter Herbst war. Nicht von ungefähr halte ich mich zu dreiviertel für eine einfache Hausmagd, zu einem Viertel aber auch für einen ordentlichen Handwerker.

Wenn Sie jetzt die Bleiglasfenster mit großer Ehrfurcht bestaunt haben, wenden wir uns dem Inneren der Friedrichwerderschen Kirche zu. Sie beherbergt das *Schinkel-Museum,* das früher in der Bauakademie untergebracht war. Eine Skulptur der klassizistischen Meister nimmt mich immer wieder gefangen, sie bildet den Mittelpunkt des Kirchenschiffs: das Mädchenpaar Kronprinzessin Luise und ihre Schwester Friederike, von Johann Gottfried Schadow traulich vereint.

Königin Luise, ihr Leben und ihr Kummer, hat mich schon als Kind stark berührt. Obwohl Prinzessin aus dem Herzogtum Mecklenburg-Strelitz, war sie nicht auf Rosen gebettet. Die Mutter starb früh, ebenso die Tante, die Luises Vater danach zur Frau genommen hatte. Nach den beiden Schicksalsschlägen begab sich der Vater gramgebeugt auf sein Gut, die Erziehung der Kinder überließ er der Großmutter, der Landgräfin von Hessen-Darmstadt. Und doch war Luise dem Leben sehr zugetan in jungen Jahren, fertigte sich große Abendroben und filigrane Ballschuhe, vergnügte sich trotz zarter Konstitution auf rauschenden Bällen. Sah man sie tanzen, wäre niemand erstaunt gewesen, hätte sich ein Flügelpaar plötzlich entfaltet.

Da Friedrich Wilhelm IV. eine »Kirche im Mittelalterstil« bevorzugte, skizzierte Schinkel mehrere Pläne im neogotischen Stil für die Friedrichwerdersche Kirche. 1830 war sie in nüchterner Strenge errichtet.

Vielleicht rührten aus den frühen Erfahrungen ihre Volksverbundenheit, die sie später die Herzen der Berliner im Sturm erobern ließ, ihre Leichtfertigkeit, mit der sie die ungeliebte Hofetikette umging, und ihre Natürlichkeit, wenn sie auf die »gemeinen Untertanen« traf – an den Erntedankfesten auf ihrem Gut zu Paretz nahm sie teil, als wäre sie eine einfache Landfrau. Der Hof registrierte es mit despektierlichem Gezischel, die stocksteife Oberhofmeisterin Gräfin Voß war entsetzt: »Wegen Ihro Majestät rührt mich eines Tages noch der Schlag.«

In Magdeburg wurde der Königin einst die Tochter eines Kaufmannes vorgestellt, die mit einem Major vermählt war. Luise fragte: »Was sind Sie für eine Geborene?« Weil sie bürgerlicher Herkunft war, antwortete die Frau verlegen: »Ach! Ihro Majestät, ich bin gar keine Geborene.« Worauf die umstehenden Damen, hochwohlgeboren die meisten, in ein garstiges Gekicher ausbrachen. Luise war sehr empört, mit einem ernsten Blick bannte sie das Gelächter und wandte sich mit freundlichen Worten der verschüchterten Frau zu: »Eine recht feine Antwort von Ihnen, Frau Majorin. Ich gestehe, mit dem herkömmlichen Ausdruck ›von Geburt sein‹, wenn damit ein angeborener Vorzug bezeichnet werden soll, keinen vernünftigen sittlichen Begriff verbinden zu können; denn in der Geburt sind sich alle Menschen ohne Ausnahme gleich. Allerdings ist es von hohem Werte, ermunternd und erhebend, von guter Familie zu sein und von Vorfahren und Eltern abzustammen, die sich durch Tugend und Verdienste auszeichneten. Wer wollte das nicht achten und ehren? Aber das findet man – gottlob! – in allen Ständen, und selbst aus den untersten sind oft die größten Wohltäter des Menschengeschlechts hervorgegangen. Äußere glückliche Lagen und Vorzüge kann man erben; aber innere persönliche Würdigkeit, worauf am Ende doch alles ankommt, muß jeder für sich und seine Person durch Selbstbeherrschung erwerben, deren Quelle doch immer nur allein im Herzen liegt.«

Den umstehenden feinen Damen war inzwischen das Blut in den Adern gefroren, doch Luise reichte der Frau Majorin anmutig lächelnd die Hand, und mit einer Bewegung ihres feinen Fächers verließ sie den Ort.

Die Skulptur der Kronprinzessin Luise und ihrer Schwester gehört für mich zu den anrührendsten des Klassizismus. Es ist, als spiegele sich in diesem Bildnis bereits ihre Güte, ihre Weisheit, aber auch ihre Tragik.

Offenbart diese Geschichte die faszinierend menschliche Gesinnung der Königin, schlug ihre eigentliche Bewährungsstunde erst später, unter Begleitumständen, die letztlich den Keim ihres frühen Todes legten.

Den Gemahl mußte sie »zum Jagen tragen«: Friedrich Wilhelm III., vom Schicksal dazu ausersehen, Preußen gegen den gerüsteten Feind im Westen zu führen, dabei entscheidungsschwach, unfähig für die Regierungsgeschäfte, friedfertig vor allem – was ich ihm hoch anrechne, aber es paßte so wenig in die Zeit. Weit intelligenter als er, zeigte sie ein untrügliches Gespür für die Gefahr, die von Napoleon ausging. Sie kannte die Fehler und Schwächen ihres Gatten und hielt doch zu ihm; ja, die Liebe nahm zu durch die kommende Marter.

Nach den vernichtenden Niederlagen der preußischen Armeen bei Jena und Auerstedt 1806 mußte sie Berlin vor den anrückenden napoleonischen Truppen verlassen. Die elende Odyssee begann im Winter 1806/07 mit der Flucht vor dem französischen Wüterich im offenen Wagen bis nach Memel; ungezählte Leidensaufenthalte für die lungenschwache Königin folgten, das nächtliche Lager in alten Bauernhäusern findend, deren Scheiben eingeschlagen waren, den Hieben der Kälte schutzlos ausgesetzt, und der Schnee kroch bis in die Betten.

Im Sommer 1807 stellte sie sich Napoleon, der eine Flutwelle an Schmähungen und Haßtiraden über sie ausgeschüttet hatte, in Tilsit. Luise wollte um einen milden Frieden bitten. Doch war alles vergebens, Preußen wurde auf die Hälfte seines Gebietes reduziert, der Staat Friedrichs II. vernichtet – ein schmachvoller Niedergang.

Die Königin, sanftmütig und entschlossen zugleich, bewies einen klaren Blick für die Morschheit des preußischen Gebildes, wußte, daß es ohne Reformen nicht würde überleben können, und überredete ihren zaudernden Gemahl, den Freiherrn vom und zum Stein an die Spitze der Staatsverwaltung zu berufen, um das Land neu zu ordnen.

Der zunehmenden Kränklichkeit zum Trotz folgte in den Jahren 1808/09 eine glanzvolle Zeit am Petersburger Hofe unter Zar Alexander. Und doch spiegeln ihre

An der Rückseite des Kronprinzenpalais

Briefe aus jenen Tagen dunkle Besorgnisse: »Schwarze Ahnungen ängstigen mich; immer möchte ich allein hinter meinem Schirmleuchter sitzen, mich meinen Gedanken überlassen«, schrieb sie kurz vor ihrer Rückkehr nach Berlin im Dezember 1809 an ihre Schwester Friederike.

In einem ihrer letzten Zeugnisse, das mich immer noch zu Tränen rührt, zieht sie Bilanz: »Meine Seele ist grau geworden durch Erfahrungen und Menschenkenntnis; aber mein Herz ist jung. Ich liebe die Menschen; ich hoffe so gern und habe allen, ich sage allen meinen Feinden verziehen... Ich habe gelebt und gelitten, das ist wahr. Es mußte aber so kommen, um mich zu läutern...«

Die Anstrengungen des Hoflebens blieben nicht folgenlos: Eine Erkältung, vom Leibarzt nicht ernst genug genommen, entwickelte sich zur Lungenentzündung, Krampfanfälle und Atemnot folgten. Zum Schluß ging es sehr schnell: Kaum daß ihr Gemahl am Sterbebett erschienen war, ging sie heim, vierunddreißigjährig, am Morgen des 19. Juli 1810 zu Hohenzieritz. Jetzt liegt sie in der Gruft des Mausoleums am Schloß Charlottenburg, in dessen Park sie so gerne lustwandelte.

Königin Luise war mein Ideal. So wie sie wollte ich schon als Kind sein, innerlich wie äußerlich. Damals sah ich sie zum ersten Mal auf einer Lithographie, die bei meiner Tante im schwarzen Salon hing: Dieser Engel an Lieblichkeit, Milde und Anmut, groß und schlank, entbehrte doch nicht der für die damaligen Zeiten angemessenen Rundungen – wogende Brüste, elegant anmutige Taille. Was ihr Äußeres noch liebreizender machte, war der Mangel an Vollkommenheit; sie war nicht ätherisch schön, der Mund zu wenig wohlgeformt, die Stirn etwas zu breit, die Gliedmaßen eine Spur zu lang. Das alles bewies, daß es sich bei ihr um ein menschliches Wesen handelte und nicht um eine unsterbliche Statue. Aber ihr Lächeln machte alles Unvollkommene vergessen, ein sonniges Lächeln, helle lachende Augen, die leuchteten wie die Kornfelder ihrer Heimat.

In ungünstige Zeitläufte geboren, war das Schicksal dieser durch eine moralische Lebensweise lichten Erscheinung nicht wohlgesinnt. Betrachte ich heute die marmorne Plastik der jungen Luise in der Friedrichwerderschen Kirche, so ist mir, als trete schon in dieser Jugendmomentaufnahme ihre Güte, ihre Weisheit, aber auch ihre Tragik zutage.

Eine Plastik von Käthe Kollwitz, die sie aus Trauer um ihren im Ersten Weltkrieg gefallenen Sohn fertigte, steht im Mittelpunkt der Zentralen Gedenkstätte der Bundesrepublik Deutschland in der Neuen Wache.

Über die *Werder-* und die *Niederlagstraße,* vorbei an der Rückseite des Kronprinzenpalais, gelangen wir zur Straße *Unter den Linden*, rechts die Schloßbrücke mit den Figuren aus der antiken Mythologie, vor uns das Zeughaus, links davon die *Neue Wache.* Trotz ihrer geringen Größe ist die Schinkelsche Königliche Wache zwischen Universität und Zeughaus ein Blickfang. Die dorische Säulenvorhalle nimmt dem Bau das Zweckmäßige und läßt ihn sich gegen die großen Nachbarn behaupten. In Form eines »römischen Castrums« 1816 bis 1818 erbaut, war er damals auch als Erinnerungsstätte für die Befreiungskriege gedacht. Heute beherbergt die Neue Wache die Zentrale Gedenkstätte der Bundesrepublik Deutschland, in ihrem Inneren steht die vergrößerte Plastik von Käthe Kollwitz, die sie aus Trauer um ihren

Sohn anfertigte, der im Ersten Weltkrieg gefallen war. Sie ist, allein aufgrund der Entstehungsgeschichte, ein sehr intimes Kunstwerk, und ob es sich für ein öffentliches Mahnmal eignet, weiß ich nicht. Noch weniger weiß ich, ob man eine Skulptur um ein Mehrfaches aufplustern darf, denn Käthe Kollwitz wird sich bei der ursprünglichen Größe etwas gedacht haben. Die ewige Flamme, die zu DDR-Zeiten zum Gedenken an »die Opfer des Faschismus und Militarismus« hier loderte, lag mir in ihrer Schlichtheit mehr. Der Gedenkspruch wurde natürlich politisch instrumentalisiert, aber gilt dies nicht auch für das jetzt angebrachte »Den Opfern von Krieg und Gewaltherrschaft«? Ich finde die Nennung von Opfern und Tätern in einem Atemzug schlimm; auch der SS-Mordbube, der sein gerechtes Ende von Partisanenhand fand, war ein »Opfer des Krieges«, aber seiner zu gedenken, halte ich für unerträglich.

Etwas milder gestimmt bin ich durch eine Tafel, die an der Neuen Wache angebracht ist und die in Anlehnung an die Rede Richard von Weizsäckers zum 40. Jahrestag der Befreiung von den Nazis alle Opfergruppen würdigt – auch die zuvor bei jeder Gelegenheit ausgegrenzten Roma und Sinti und die Homosexuellen.

Begeben wir uns auf die Gasse *Hinter dem Gießhaus* und biegen ein in die Straße *Hinter dem Zeughaus*. Das Zeughaus, Sitz des Deutschen Historischen Museums, wird seit einiger Zeit von Grund auf saniert. Fünfhundert Millionen Mark soll das Unterfangen kosten, das nicht vor 2006 abgeschlossen sein wird, auch die ursprüngliche, altrosafarbene Fassade soll wiedererstehen. Im kratzputzigen Depot, direkt hinter dem Zeughaus, müßte noch Gründerzeitliches von mir lagern. In den siebziger Jahren verkaufte ich dem Museum die wertvollsten Stücke meiner Nähmaschinensammlung: eine Schusternähmaschine, eine Pelznähmaschine, eine Handschuhnähmaschine. Letzteres ein niedliches Stück mit Handkurbelschwungrad und ein winziges Zeugnis für das Leben einer Heimarbeiterin, einer alten Dame aus dem Erzgebirge, die jahrzehntelang ihr mühseliges Tagwerk an der Maschine verrichtete.

Liebhabern malerischer Gassen empfehle ich, den *Festungsgraben* hochzugehen, links an der ehemaligen Singakademie vorbei, wo jetzt das Maxim-Gorki-Theater seine Heimstätte hat.

Links hinter dem Theater plötzlich wie ein springendes Tier ein Straßenbahntriebwagen aus den Zwanzigern, alt und gleichzeitig modern verunstaltet steht er auf einem Gleisstück, zur Unbeweglichkeit verdammt. Früher besaß dieser Wagen einen Hauch Eleganz, das Holz im Inneren war poliert, bequeme Sitze taten den Gliedern wohl, die Messinggriffe blinkten, schöne Lampen spendeten Licht.

Noch aparter die Vorgängermodelle aus der Kaiserzeit: innen mit Mahagoniholz getäfelt, umklappbare Sitze auf gußeisernen Gestellen, Laternendach mit Oberlüftung und melodisch klingende Messingglocken. Ich sehe sie förmlich vor mir, die Trieb- und Beiwagen, rauschend in den Lindentunnel eintauchend, vollbesetzt, doch niemand preßt oder drängt sich, denn die Bahnen fahren alle paar Minuten; auf den Plattformen erhaschen die Gäste den Fahrtwind, im Sommer ist es dort schön luftig, im Inneren öffnet ein Mann ein Fenster, zieht den gelochten Ledergurt, das Fenster gleitet hinab – ja, sofort steigen diese Bilder vor meinem geistigen Auge auf, Bilder aus Zeiten, die ich selbst gar nicht erlebt habe, die mir aber so in Fleisch und Blut übergegangen sind, daß ich gar nicht anders kann. Sonderbar, aber so geht es mir bei allen alten Häusern und Orten: Wer mag da gelebt haben, welches Schicksal hatten die Baumeister, die Architekten, die Arbeiter, die Bewohner, wie bewältigten sie ihren Kummer, wie feierten sie ihre Feste? Und meist erzählen mir die Häuser ihre Geschichten, Geschichten von Armut, Geschichten von Reichtum. Um meine Phantasie anzuregen, bedarf es nicht viel: Einmal sah ich einen alten Ballsaal, ein brüchiger Vorhangrest war der einzige Zeuge der Vergangenheit, und doch malte ich mir die Szenen um 1880 aus: Die Bürger fahren im zurückgeschlagenen Landauer vor, im Foyer rote Seide und weißer Marmor, gediegenes Gestühl, in der sittsamen Menge zunächst ein jedes Paar für sich, die Herren legen den Überrock ab, glänzen in Frack und gebürstetem Zylinderhut aus schwarzem Seidentaft, die

Auf dem Weg zum Berliner Dom kommen wir an Karl Friedrich Schinkels wohl berühmtestem Bauwerk vorbei: dem zwischen 1825 und 1830 erbauten Alten Museum. Auf der Wange der Freitreppe kämpft eine Figur, hoch zu Roß, mit einem Löwen. Albert Wolff schuf 1854/1861 diese Plastik in bronciertem Zinkguß nach Entwürfen von Christian Daniel Rauch.

Damen tragen verführerische Garderobe, den Paletot aus Grosgrain über dem um Taille und Hüfte eng anliegenden Rock, die Tournüre mit Bändern in der Taille befestigt, oder das Kleid gerafft, lässig, als gälte es bloß, den eleganten Jupon* ahnen zu lassen, heben die schweren Falten ihrer Robe mit einem Griff der rechten Hand seitwärts hoch. Während drinnen die Paare einen Walzer tanzen, macht man im Foyer Konversation: Man kennt sich, Begrüßungen finden statt, ein bißchen Klatsch, etwas Wohlgerede, man wendet sich zum Büfett, auf Tischen stehen Flaschen, Karaffen und Gläser, Fabrikanten schmauchen dicke Zigarren, rücken sich ihr Monokel zurecht, man läßt sich einschenken, legt das Geldstück auf das Messingtablett, die anmutigen Kellnerinnen knicksen, wiegen Eis auf einer Waage zu Portionen aus, und draußen vor dem Ballsaal ist der Sommerabend noch hell, beginnt ein leiser Regen, beugen sich brave Kinder über Pfützen und suchen ihr Spiegelbild…

Doch ich schweife ab. Eigentlich will ich Sie zum Dom führen.

An Schinkels wohl berühmtestem Bauwerk vorbei, dem *Alten Museum,* in dem heute wechselnde Ausstellungen moderner Kunst gezeigt werden, erreicht man das Paradestück des Historismus, erbaut zwischen 1894 und 1905, dessen Stilgemisch aus Neobarock- und Neorenaissance-Elementen sofort ins Auge fällt.

Seit Mitte des 19. Jahrhunderts trug man sich mit Neubauplänen, den alten *Dom* hielt man spätestens nach der Reichsgründung für nicht mehr angemessen, obwohl er sich mit einer Haupt- und zwei Nebenkuppeln, stilistisch gradlinig und angemessen in der Proportion, hervorragend in das Ensemble zwischen Altem Museum und Schloß einpaßte. Doch die Zeiten hatten sich geändert: Die bei aller Begabung problematische, hochtheatralische Erscheinung Wilhelm II. gab der Epoche das Gepräge; sein dröhnender Optimismus, sein Selbstbewußtsein fanden ihre Entsprechung in einer gesell-

* Paletot: dreiviertellanger Damen- oder Herrenmantel
Grosgrain: beliebter Baumwollstoff in der Gründerzeit
Tournüre: Gesäßpolster
Jupon: Unterrock

schaftlichen Führungsschicht, die der Lust am Säbelrasseln frönte. Alles zusammen kulminierte im unbändigen Streben, Deutschland einen »Platz an der Sonne« zu verschaffen. Auch durch den Bau eines solch pompösen Doms sollte der Welt verdeutlicht werden, daß man nicht zum Scherzen aufgelegt war.

Wilhelm II. nahm die Vorstellungen seines Vaters, Friedrichs III., der den Architekten Julius Raschdorff mit dem Domneubau beauftragt hatte, als Vermächtnis, wandelte sie freilich seinen Repräsentations- und Machtbedürfnissen entsprechend ab. 1892 begann man mit dem Abbruch der alten Hauptkirche, die noch unter Friedrich dem Großen erbaut und von Schinkel 1816/17 und 1820/21 umgebaut worden war. Die Sprengung des alten Domturmes gestaltete sich schwierig: Er bestand im Unterbau aus Sandsteinquadern, im Oberbau aus märkischen Ziegeln, die Mauer war unten fünf, oben dreieinhalb Meter dick. Schon aus dieser Stärke und der vorzüglichen Verankerung erklärt sich der anhaltende Widerstand, den das ehrwürdige Gebäude den Sprengmeistern leistete. Am 10. April 1893 ging der erste Versuch, es niederzulegen, gründlich daneben – mit Rücksicht auf das Schloß und das Alte Museum hatte man viel zu wenig Dynamit verwendet, immerhin einhundertacht Kilogramm. Noch weitere zwei Mal erschien der langsam ungeduldig werdende Wilhelm II. am Ort des Geschehens, ließ seinen Hornisten das Signal »Feuern« blasen, dann erst brach der alte Dom endgültig zusammen.

Der neue Dom, dessen Bau die für damalige Zeiten sagenhafte Summe von 11,5 Millionen Goldmark verschlang, stürzt mich in ein Wechselbad der Gefühle: Das Figurendekor, von den bekanntesten Künstlern der Gründerzeit geschaffen, ist ein Meisterwerk sowohl in den Entwürfen wie in der Ausführung. Die reich ornamentierte Gründerzeit ist für viele, auch Museumsfachleute, der Inbegriff des Schwulstes, doch für mich besitzt sie, bei aller Monumentalität, etwas Graziles: Der Sakralbau löste sich auf in verspielten Türmchen, deren Hauben heute leider nicht mehr im Original zu sehen sind. Beim Wiederaufbau des durch Bomben stark beschädigten Domes, der noch zu DDR-Zeiten begann und

Im Berliner Dom, unterhalb der Kaiserloge, liegen die barocken Prunksarkophage Friedrichs I. und seiner Gemahlin, Sophie Charlottes, 1705 und 1713 von Andreas Schlüter geschaffen. Über und über

verziert mit allegorischen Reliefs, bieten sie ein Bild ungezügelter Prachtentfaltung. Zu den Füßen Sophie Charlottes trägt der Tod ihren Namen in das Buch der Ewigkeit ein.

Der Berliner Dom

in diesem Jahr beendet wurde, hat man die Spitzen vereinfacht, ebenso die vergoldeten Kugeln.

Andererseits hängt dem Bau durch die Überladenheit der ewige Geruch einer großmannssüchtigen Unternehmung an. Das kassettierte Gewölbe über dem Eingangsportal hätte bescheidener ausfallen können, weniger wäre hier mehr gewesen. Sehe ich die Muschelaufsätze über den Fenstern, kann ich mich eines leisen Lächelns nicht erwehren: Das bevorzugte Stilelement bürgerlichen Mobiliars, das auch das Mittelstandsheim um 1900 schmückte, macht aus dem Dom ein überdimensioniertes Vertikow. Im Vergleich dazu war das Schloß ein prachtvoller Barockschrank; doch das Schloß riß man ab, das Vertikow ließ man stehen. Und obwohl ich wahrscheinlich die größte Verfechterin der Gründerzeit in diesem Land bin, hätte ich, vor die Wahl gestellt, dem Erhalt des Barockschrankes den Vorzug gegeben.

Im Inneren des Domes wird der Prunk etwas penetrant; man hat den Eindruck pontifikaler Prachtentfaltung, das protestantische Element bleibt völlig auf der Strecke. Stilkonglomerat auch hier: Säulen, Pilaster und korinthische Kapitelle* weisen auf Neoklassizismus, Konsolen und Muschelaufsätze auf Neorenaissance, von allem zu viel und vor allem zu hoch – ein sakrales Bauwerk muß nicht diese unmenschliche Höhe haben. Hinter dem Altar zeigen Edelhölzer und vergoldete Kapitelle, was sie wert sind; gegenüber der Orgel schwingt sich die Hofloge auf, in der Kaiserin Auguste Viktoria und Wilhelm II. Platz nahmen. Die Kaiserin erfreute sich im Volk großer Beliebtheit, und da keine Kirche vor ihrer Einweihungsvisite sicher war, bekam sie den Spitznamen »Kirchenguste«.

Unterhalb der Kaiserloge liegen in einem Käfig zwei barocke Prunksarkophage, nämlich die Friedrichs I. und Königin Sophie Charlottes, seiner zweiten Gemahlin. Beide von überbordender Prachtentfaltung: bekrönte Bildmedaillons der Verstorbenen am Kopfende, plastische Kartuschen**, allegorische Reliefs; an den Längs- und Vorderseiten setzen preußische Adler zum Flug auf ihre Beute an, brechen Welfenrösser unter der Last der vergoldeten Blei-Zinn-Särge zusammen, schlägt eine Trauernde fassungslos die Hände vors Gesicht, blickt ein Putto der Seifenblase der Vergänglichkeit hinterher, und der Tod, in ein ausladendes Gewand gehüllt, trägt Sophie Charlottens Namen ins Buch der Ewigkeit ein.

Wer möchte denn so begraben sein? Allein die Mühsal bei der Beisetzung: um den Deckel zu bewegen, bedarf es eines ausgewachsenen Krans.

Wenden wir unseren Blick nach oben, erkennen wir Lampen, die nicht aus der Gründerzeit stammen, sondern stark dem Jugendstil verpflichtet sind. Wie mögen die wohl hierhergekommen sein? Gegenüber ist alles wieder in Ordnung: Das Orgelgehäuse guckt mich an wie ein Speisezimmerbüfett von Julius Groschkus, einem der führenden Möbeltischler der Gründerzeit – gehobener Mittelrisalit, darauf Kugeln, das Kreuz im Aufsatz; Eiche oder Nußbaum will ich meinen.

Wer noch mehr Särge sehen will, unterhalb der Orgel stehen noch ein paar, und wenn bald die Gruft geöffnet wird, findet auch der Unersättlichste Genüge: Etwa neunzig Sarkophage von Angehörigen des Hauses Hohenzollern lagern dort.

* Pilaster: flach aus der Wand hervortretender, in Fuß, Schaft und Kapitell gegliederter Pfeiler
Kapitell: oberer Abschluß einer Säule, eines Pfeilers oder eines Pilasters

** Kartusche: schildartiges Ornament mit reichverziertem Rand

Zum Hauptportal wieder hinaus, gelangen wir links in das kaiserliche Treppenhaus: Marmorsäulen, großartige Fresken, die wunderbar profilierte Tür am Ende des Vestibüls eine Mischung aus Eiche und Nußbaum, wenn mich Auge und Tastsinn nicht täuschen; dahinter verbergen sich profane Dinge: die Retiraden* für das Personal.

Wir machen uns auf in Richtung Friedrichstraße, spazieren *Am Kupfergraben* an der Museumsinsel vorbei, werfen vielleicht einen Blick auf den Pergamonaltar im gleichnamigen Museum oder bewundern die ägyptische Kunst im neobarocken Bodemuseum, erreichen die Straße *Am Weidendamm* und schließlich den Bahnhof Friedrichstraße.

Wenige Meter von hier, an der Friedrichstraße, Ecke Unter den Linden, versah um die Jahrhundertwende der einfache Schutzmann Carl Teicke seinen Dienst. Ausgestattet mit Pickelhaube und Plempe, dem Säbel, und der unvermeidlichen »Es ist erreicht«-Schnurrbartspitze im Gesicht, war er ein typischer Vertreter der Berliner Schutzmänner. Sie vermittelten zwar einen jovialen Eindruck, waren aber wenig zimperlich, wenn es galt, eine Arbeiterdemonstration aufzulösen. Doch muß man der damaligen Polizei zugute halten, daß die Aufklärungsrate bei Verbrechen um einiges höher lag als heute und sich Gewaltkriminalität durch ihre Präsenz in engen Grenzen hielt. »Statt Gas und Elektrizität an jeder Ecke ein Schutzmann steht«, reimte man damals, über die Allgegenwart der »Blauen« spottend.

Carl Teicke hatte Sinn für Musik. Schon seit geraumer Zeit ging ihm eine Melodie nicht aus dem Kopfe, aber da er nicht über die nötigen Kenntnisse verfügte, konnte er sie nicht in Noten fassen. Er begab sich zum Kapellmeister des Regiments König Friedrich Wilhelm IV., Przewarski, und summte ihm die Marschmelodie vor. Der Kapellmeister schrieb die Noten auf und studierte die Militärmusik mit seiner Kapelle ein, und als sie das nächste Mal Unter den Linden aufspielten, erklang das neue Stück, vom Schutzmann mit dem Titel »Alte Kameraden« versehen.



* Retirade: Toilette

Kaiser Wilhelm II. saß derweil nebst Adjutanten in seinem Automobil, das sich, vom Brandenburger Tor kommend, ebenfalls die Linden entlangbewegte. Auf der Höhe Friedrichstraße kam dem Kaiser der Marsch zu Ohren. Wilhelm II., ein begeisterter Anhänger der Marschmusik, horchte auf, seine Augen blitzten und zu seinem Adjutanten gewendet, fragte er: »Nanu, ein neuer Marsch?«

»Majestät, Melodie mir völlig unbekannt!«

Der Kaiser ließ halten, der Verkehrsschutzmann zeigte seinen weißen Handschuh, auch die Musiker mußten stehenbleiben, und Seine Majestät wies den Adjutanten an, den Kapellmeister zu befragen.

Mit den notwendigen Informationen versorgt, kehrte der Adjutant zum Automobil zurück und rapportierte: »Majestät, Schutzmann Carl Teicke drüben an der Ecke beim Victoria-Café hat den Marsch komponiert. Titel: Alte Kameraden.«

Wilhelm II. hieß den Chauffeur wenden und winkte Carl Teicke heran: »Er hat einen neuen Marsch komponiert?«

»Zu Befehl, Majestät!«

»Marsch gefällt mir ausgezeichnet!«

Der Kaiser lud den Schutzmann nicht nur zum Mittagessen ins Schloß ein, Teicke erhielt auch eine Dotation. Mit solcherlei Weihen versehen, verbreitete sich der Marsch in Windeseile um die Welt: Die National Phonograph Company in Orange, New York, nahm ihn mit der Edison-Military-Band auf, in Berlin schmetterte das Edison-Orchester die »Alten Kameraden«, in London wurde er auf Britannia Records ebenfalls aufgezeichnet, Drehorgelspieler legten die Holzwalzen ein, Orchestrien wurden mit Alte-Kameraden-Walzen und -Notenrollen ausgestattet, von den unzähligen Grammophonplatten gar nicht zu reden – weltweite Hits sind beileibe keine Erfindung des Video- und CD-Zeitalters.

Die Brücke über die Spree überquerend, gelangen wir zum *Schiffbauerdamm*. Links, in rund einhundert Meter Entfernung, schaut hinter der Häuserzeile vor dem Berliner Ensemble Bertolt Brecht versonnen über den Fluß, doch wir biegen ein in die *Albrechtstraße*.

Die Häuser Nr. 15 und 16 wurden vermutlich vom selben Architekten im Stil der frühen Neorenaissance gebaut. Nur drei Fensterverdachungen und eine einsame Säule zwischen den mittleren Fenstern deuten auf die einst reiche Stuckfassade des Hauses. Das Nachbargebäude, die Nr. 17, ist älteren Datums, zwischen 1840 und 1860 erbaut – man erkennt es zum einen am klassizistischen Fries; zum anderen an den Fensterverdachungen und am Kämpfer; auch sind die Fenster in der Mitte geteilt, eine Form, die zuletzt der Klassizismus bevorzugte. Die Dachaufbauten stammen noch aus der Bauzeit des Hauses, man staunt, daß das Holz solange gehalten hat. Die Haustür freilich ist eine moderne Mißgeburt, den oberen Teil des Portals, den früher ein Glasfenster schmückte, hat man einfach zugemauert.

Die Kellerzone scheint original zu sein, rechts die Kellereingangstür, wo sich vor hundert Jahren sicher ein Geschäft befand: ein Lebensmittelladen, eine Gemüse- oder Kohlenhandlung oder ein Bouillonkeller, eine kleine Kneipe, in der man auch essen konnte.

Die *Marienstraße* ist eine der wenigen Straßen, in der die schlichten klassizistischen Fassaden aus der Mitte des vorigen Jahrhunderts in kaum unterbrochener Reihe erhalten sind. Bei der Sanierung zu Beginn der siebziger Jahre ging man nicht immer mit dem nötigen Sachverstand zu Werk.

Im Haus Nr. 21 hat man sich an den Fensterprofilen im zweiten Stock versündigt, indem man unsachgemäß mit einem Brett die Sohlbänke in Abstufungen verputzte – von Profilen fehlt jede Spur. Im ersten Stock sieht man, wie es richtig ist: Fensterverdachungen, die auf Konsolen ruhen, unterhalb des Fensters die Sohlbänke, darunter die Verzierungen, Palmetten* in Kassettierungen. Im zweiten Stock hätte es nur eine Idee schlichter sein müssen.

An der Fassade des gegenüberliegenden Hauses, der Nr. 15, hat sich der »Restaurator« sinnlos ausgetobt: erst alles abgeschlagen, dann falsch ergänzt – nur Kinker-

* Palmette: palmblattähnliches, streng symmetrisches Ornament griechischen Ursprungs

In der Marienstraße

litzchen. Das Haus Nr. 14 bietet zwar eine schön anzusehende Kassettierung, die Fensterverdachungen freilich hängen in der Luft – Konsolen sucht man hier vergebens. Gleichermaßen verhudelt auch die Häuser Nr. 7, 6 und 27.

Am Haus Nr. 22 verging man sich woanders: Die Kellerfenster hat man skandalös verkleinert, drei sogar zugemauert und damit womöglich den Ruin des Hauses eingeleitet; ein Haus atmet auch von den Kellern her, oberhalb liegen meist Holzbalkendecken, und durch mangelnde Luftzirkulation nistet sich leicht der Hausschwamm ein, besonders wenn sich in den darüberliegenden Räumen Küchen befinden. Für mich ist ein Haus ein lebendes Wesen, und kaum etwas Schlimmeres kann ihm widerfahren als das Zumauern der Kellerfenster.

Die 23 ist auf scheußliche Art und Weise nach DDR-Manier »modernisiert« worden: Anstatt den alten Stuck wieder anzubringen, hat man auf die Fassade Kratzputz geklatscht – der letzte Husten.

Bei Nr. 25 stimmt die Haustür nicht; außerdem hat man die klassizistisch anmutenden Palmetten auf Quaderungen angebracht, ein erbärmlicher Klamauk, eins paßt nicht zum anderen, und die Schlußsteine, die man über die Fenster mauerte, sind von monströser Größe.

Das Haus stammt aus den fünfziger Jahren des vorigen Jahrhunderts, man erkennt es an den stark abgedrehten Säulen an den Fenstern und den Renaissance-Quaderchen am Mittelfenster. Die Profile sind erneut mit dem Brett gezogen, die Rosetten im dritten Stock über dem Reisebüro hat man lieblos aufgepappt, anstatt sie, wie es richtig wäre, in die Fassade vertieft einzulassen. Au weia.

Haus Nr. 8 dagegen ist eine Augenweide – so muß es sein, wenn man von dem später, allerdings geschickt aufgesetzten Dachgeschoß einmal absieht.

Von Profilen kann man auch bei Haus Nr. 2 erst gar nicht sprechen: Steht man vor dem Gebäude und blickt hinauf zur Dachzone, bemerkt selbst das Laienauge, daß die Fensterverdachungen in der dritten Etage ohne Profilierung angeputzt wurden; außerdem hängen sie in der Luft. Die Haustür stammt übrigens aus der Gründerzeit, während das Haus klassizistisch um 1850 erbaut wurde, na ja, auch schon mal »modernisiert«.

Durch die Bekanntschaft mit Berta Barnewitz, der Witwe eines Berliner Holzhändlers, der das Haus Marienstraße 29 gehörte, lernte ich nicht nur die Geschichte des Gebäudes kennen, sondern auch eine alte Dame, die als Mieterin das Entresol* bewohnte. Heute ist die Scheibe des Bogenfensters über dem Portal eingeschlagen und notdürftig verpappt. Nur wenige Mark Miete zahlte sie für den Raum über dem Hausflur, in dem man, wenn man nicht gerade kleinwüchsig war, mit dem Kopf an die Decke stieß. Nur wenige Entresols waren zwei Meter hoch, viele nur ein Meter fünfundsechzig. Von der Breite des Hausflures, besaß dieser Raum meist einen kleinen eisernen Küchenherd zum Heizen und Kochen.

Die alte Dame mit den bernsteinfarbenen Augen war in ihrer Jugend zur Kaiserzeit eine bekannte Zirkusreiterin im Zirkus Renz. Voller Stolz präsentierte sie mir ein Ölgemälde, das sie als junges Mädchen zeigt, Kunststückchen auf einem Pferderücken vollführend: »Und

* Entresol: Zwischengeschoß, vor allem zwischen Erdgeschoß und erstem Stock

fielen wir runter, kriegten wir gleich eins mit der Reitpeitsche hinten drauf – bei Renz wurden nicht nur die Pferde dressiert«, lachte sie. Als sie gestorben war, schenkte mir Berta Barnewitz, die den Nachlaß der alten Dame ordnete, das Gemälde. Versonnen blickte ich es an und nahm es mit. Die Leute in der S-Bahn staunten nicht schlecht, als ich, mit dem riesigen Rahmen unter dem Arm, das Traglastenabteil betrat. Das Bild schenkte ich dem Sammler Markschiess van Trix, und heute liegt die Pferdedompteuse im Depot des Zirkusmuseums an der Wallstraße.

Das Haus an der *Luisenstraße* 39, Ecke Marienstraße, ist ein Hort japanischer Kultur in Berlin. Der japanische Schriftsteller und Übersetzer *Mori Ogai* (1862-1922) ist in seiner Heimat ein Klassiker von hohem Rang; sein Gesamtwerk umfaßt achtunddreißig Bände, als Übersetzer krönte er seine Arbeit mit der ersten vollständigen Übertragung von Goethes »Faust« ins Japanische. Zwischen 1884 und 1888 verbrachte er vier Jahre zu Studienzwecken in Deutschland, einige Monate lebte er in dem Haus an der Luisenstraße. Von seinen Berliner Aufenthaltsorten ist er der einzige, der die Zeitläufte überstanden hat.

Genau hundert Jahre nach seiner Ankunft in Berlin zog Mori Ogai erneut in sein Pensionszimmer ein: 1984 entstand dort eine Stätte zu seinem Gedenken. Wegen der Einrichtung fragte man mich um Rat, und im September 1984 traf ich mich mit dem leider so früh verstorbenen Japanologen Professor Jürgen Berndt, Architekten und Mitarbeitern des Instituts für Denkmalspflege. Wir beschauten uns das leere Zimmer, in dem Ogai gewohnt hatte: ein verstaubtes Loch, die Tapeten hingen in Fetzen von den Wänden, der Ofen war herausgerissen. Einziger Lichtblick: der tadellos erhaltene Dekkenstuck, die Tür und die originalen Fenster. Ich legte den Herren auseinander, wie ein möbliertes Zimmer in einer bürgerlichen Pension um 1880 aussah: eine Bettstelle mit Nachttisch, eine Waschtoilette, ein Kleiderschrank, ein Bücherschrank, eine Kommode, eine Wanduhr, ein Zylinderbüro, das war ein kleiner Sekretär, zwei Stühle und eine Lampe. Dann müßte noch ein zum Haus passender Ofen her nebst gußeisernem Ofenvorsetzer, für die Waschtoilette eine Waschgarnitur und zwei zeitechte Gardinenrahmen. Es herrschte durchaus Zustimmung, die Frage war nur, wie man alles so schnell beschaffen sollte, die Einweihung der Gedenkstätte sollte bereits einen Monat später stattfinden. Einige Tage darauf statteten mir der Direktor des Märkischen Museums und der Referatsleiter Kultur/Denkmalspflege des Magistrats einen Besuch ab. Im Gründerzeitmuseum, so glaubten sie, würden sie schon fündig werden. Während der Besichtigung des Depots zeigte ich ihnen einen Mahagonibücherschrank aus den sechziger Jahren des vorigen Jahrhunderts. »In diesem Stil müßte das Zimmer eingerichtet werden«, erläuterte ich und bemerkte die flackernden Augen meiner Besucher, die schon auf das gute Stück geheftet waren. Allein es stammte aus jüdischem Besitz, und ich war fest entschlossen, es dem entstehenden jüdischen Museum zu übereignen. Verständlicherweise trieb dies die Laune meiner Besucher auf den Nullpunkt. Auf dem Flur standen noch einige andere Stücke – Kleiderschränke, Bücherschränke, Kommoden aus Nußbaumholz, säulenverziert im Neorenaissancestil aus den neunziger Jahren des vorigen Jahrhunderts. »Die könnten wir doch auch nehmen«, meinten die Genossen, von keinerlei Sachverstand getrübt. Als ich sie darauf aufmerksam machte, daß solche Möbel gar nicht im Zimmer Mori Ogais hatten stehen können, antworteten sie abschätzig: »Das merken die Japaner doch nicht.«

Ich hatte eine feste Konzeption, was die Zimmereinrichtung anging, und der mokante Unernst der Herren ärgerte mich; die Borniertheit kannte kaum Grenzen – und mit solchen Leuten wollte man Kultur machen! Man solle doch japanische Kunsthistoriker nicht für so dumm halten, entgegnete ich ihnen.

Da mir für mein Museum ab und an Leute Möbel aus den sechziger Jahren des vorigen Jahrhunderts angeboten hatten, die ich allerdings nicht erwarb, weil sie stilistisch nicht zur Gründerzeit paßten, wußte ich aus der Erinnerung, wo es sich vielleicht lohnte nachzufragen. Die Aktion begann, und innerhalb einer Woche hatte ich das gesamte Mobiliar zusammen: das Zylinderbüro aus

Die Mori-Ogai-Gedenkstätte

Biesdorf-Süd, den Bücherschrank und den Spiegel aus dem Nachlaß meines verstorbenen Freundes Werner; den Kleiderschrank aus Mahlsdorf-Süd, einen Stuhl aus Marzahn, den anderen aus Köpenick, die Waschtoilette, die Bettstelle und den Nachttisch aus den ehemaligen Fremdenzimmern des Restaurants »Zur Rennbahn« aus Dahlwitz-Hoppegarten, die Kommode aus Seelow in der Mark Brandenburg, die Waschgarnitur besorgte das Museum für Volkskunde, desgleichen das Bettzeug, aus meinem Museum steuerte ich die Wanduhr bei, die zwei Gardinenrahmen, den Kachelofen mitsamt gußeisernem Vorsetzer und Feuerhaken sowie die Lampe.

Sie stammte ebenfalls aus dem Pensionsmilieu, allerdings aus einem anderen, als es die Witwe Stern an der Luisenstraße repräsentierte, bei der Ogai logierte: Ich hatte sie aus einem Stundenhotel in der Nähe des Alexanderplatzes geborgen.

Der Rohrputz hing, als sei der Krieg erst wenige Monate vorbei, von der Decke herab, größere Stellen waren notdürftig mit Pappe vernagelt, aber der Betrieb in den Zimmern, eingerichtet im Stil der Jahrhundertwende, lief Ende der fünfziger Jahre weiter. Der Hotelier, ein freundlicher alter Herr, wollte mich gerade durch die Räume führen und mir die Möbel zeigen, die zum Ver-

Der Schriftsteller Mori Ogai ist in seiner Heimat Japan ein Klassiker von hohem Rang. Vier Jahre, von 1884 bis 1888, verbrachte er in Deutschland, einige Monate logierte er in einer Pension an der Luisenstraße 39.

Hundert Jahre später, 1984, zog er, anläßlich der Gedenkstätteneröffnung, erneut in sein Zimmer ein, nachdem es mir gelungen war, aus Berlin und Umgebung stilechte Pensionszimmermöbel zu beschaffen.

kauf standen, als ein Zimmermädchen mit einem Ausklopfer in der Hand erschien. Ich dachte mir nichts weiter dabei, vermutete, daß sie irgendeinen Teppich reinigen wollte, doch der Dialog zwischen Hotelier und Zimmermädchen verblüffte mich: »Ist es wieder Zimmer Nr. 9, wo der Herr kommt, bei dem ich den Ausklopfer brauche?« fragte sie mit gelangweilter Routine.

»Ja, ja, Sie können ihn schon reinstellen.«

Ihr maskulines Auftreten, sie war groß wie ein Grenadier und besaß die tiefe, rauchige Stimme der Leander, erregte meine Aufmerksamkeit. Sie trug die obligatorische Dienstmädchentracht, schwarzes Kleid, weiße Schürze, morgens putzte sie die Zimmer und plättete die Hotelwäsche, doch abends legte sie ihre schwarzen Stiefeletten an und ging einer anderen Profession nach: Sie war die Domina des Hauses und befriedigte ausgefallene Wünsche der Kundschaft.

Pfui, werden manche aufschreien, die Philister und Moralapostel, die nicht verstehen – und was verstehen sie schon! –, aber für mich liegt der eigentliche Skandal darin, daß man die Damen und Herren vom horizontalen Gewerbe Steuern zahlen läßt, ihren Beruf aber bis heute nicht anerkennt: Man mag es kaum für möglich halten, aber die Prostitutionsgesetze in Deutschland haben sich seit der napoleonischen Zeit nicht verändert.

In einer der Liebeskammern entdeckte ich die schlichte Lampe, sparsame Neorokoko-Bronceverzierung über der weißen Milchglasglocke nebst Messingstangenpendel mit Baldachin. Die grüngerüschte Bordüre, die wohl schon 1880 eine später elektrifizierte Gaslampe umhüllt hatte, zerfiel, als ich sie abnehmen wollte, zu Staub.

Als ich 1984 die Pyramidenmahagonimöbel erwarb, waren sie in verheerendem Zustand, mit Ausnahme des Bücher- und Kleiderschranks hatten sie durch unsachgemäße Lagerung so gelitten, daß man eigentlich nur noch die Öfen mit ihnen füttern konnte. Wäre da nicht der versierte Möbelrestaurator Detlef Landherr gewesen, der die Möbelruinen wieder zum Leben erweckte – eine Meisterleistung. Sicher, er war nicht alles, aber ohne seine Arbeit wäre alles nichts.

Nach der würdigen Gedenkstätteneröffnung – die Frau des japanischen Botschafters streichelte ergriffen mit ihrer zarten weißen Hand die Kante des Zylinderbüros – und dem anschließenden Festakt in der Humboldt-Universität ging es zu großem Empfang, Essen und Cocktails in den Bankettsaal des nahen Hotels Johannishof.

Ich scheue solche Veranstaltungen. Ein Bankett ist keine Mahlzeit, das ist leeres Getue; das ist kein Abendessen, das ist langweiliges Geschwafel. Die Genossen klopften sich gegenseitig auf die Schulter, doch zuvor ereignete sich im Vestibül ein Vorfall, der die Achtung vor den Werktätigen im »ersten Arbeiter- und Bauernstaat« in ein bezeichnendes Licht tauchte. Die Arbeitstasche unter den Arm geklemmt, hatte sich auch Detlef Landherr eingefunden, für mich der eigentliche Ehrengast des Abends, neben den freundlichen Verwandten Mori Ogais, die den weiten Weg aus Japan nicht gescheut hatten. Bescheiden stand Landherr in einer Ecke. Da nahm mich der Genosse Referatsleiter beiseite, hüstelte bedripst und forderte mich auf, dem Restaurator zu sagen, er sei beim Bankett nicht erwünscht.

»Aber er hat doch die Möbel restauriert, ohne ihn stünde nur Brennholz in der Gedenkstätte«, sagte ich und dachte mir: Das ist also die klassenlose Gesellschaft, in der wir leben, pfui Deibel. Doch die Genossen machten aus ihrer Mördergrube kein Herz. Weil der einfache Tischler Landherr ihrer »feinen« Umgangsformen nicht würdig war, galt er als nicht bankettfähig.

»Aber das müssen Sie doch verstehen, schließlich haben wir die japanische Botschaft da«, erklärte der Herr Referatsleiter und machte seinen Buckel krumm. Nein, ich verstand nicht, und wer das Handwerk nicht achtet, jene Menschen, die mit ihren Händen etwas schaffen, der kann mir allemal gestohlen bleiben.

Auf der gegenüberliegenden Straßenseite befindet sich an der *Luisenstraße* 18 der schon zu DDR-Zeiten bekannte Künstlertreff *»Die Möwe«*. Im Inneren erstrahlt ein holzgetäfelter Festsaal mit Deckenkassettierung. Zur Zeit wird die etwas verblaßte alte Eleganz, eingeräuchert und verstaubt, wieder herausgeputzt und die Fassade restauriert. Mit den neuen, auf alt getrimmten Laternen am Haus wollte man wohl die klassizistische Zeit wiederauferstehen lassen. Gut, gut, die Sache hat nur einen Schönheitsfehler: Es sind Straßenlaternen, die nie einen Hauseingang beleuchtet haben.

Die Luisenstraße gehen wir weiter in Richtung Invalidenstraße. Vor uns protzt grimmig das Hochhaus der Charité – da machen wir lieber noch einen kleinen Abstecher zur *Charitéstraße 4,* wo uns ein Biedermeierhaus mit originaler Haustür freundlich empfängt.

Zurück zum *Karlplatz*: Dort nimmt, gestützt von dorischen Säulen, eine titanische Aktfigur stellvertretend für Rudolf Virchow den Kampf mit Krankheit und Siechtum auf. Weiter über die *Luisenstraße*, vorbei am Denkmal von Albrecht von Graefe, dem Begründer der Augenheilkunde, erreichen wir das durchgrünte alte Klinikviertel, die Gebäude stammen aus der ersten »Neubauphase« der *Charité* zwischen 1897 und 1913, meist Klinkerverblendbauten, nicht ohne einen historisierenden Anflug von märkischer Backsteingotik, vermischt mit Jugendstilelementen.

Unübersehbar das Haus der Veterinärmediziner an der Luisenstraße 56, das Relief am Dreiecksgiebel zeigt mehrere Bauern mit Ochse und Pferd, zwölf Tiermediziner hat man ebenfalls in Stein verewigt.

Gegenüber vereinigen sich Jugendstil und Neogotik in einem Klinkerbau von 1907, wohl keine Liebesheirat, aber sie beißen sich auch nicht.

Dicht hinter dem Gebäude der Veterinärmediziner schlüpfen wir durch eine wochentags geöffnete Toreinfahrt in ein parkähnliches Gelände, das von der Panke durchzogen wird; zwei Tauben picken im Gras, von ferne Hundebellen, ein Pferd wiehert – eine Oase mitten in der Stadt. Hier haben sich weitere Bauten der Veterinärmediziner versammelt, das Pathologische Institut etwa, ein Taubenhaus und ein Stallgebäude, in der Nachfolge Schinkels wohl um die Mitte des 19. Jahrhunderts errichtet.

Ein bißchen rechts haltend, verlassen wir hinter der Tierklinik für Geburtshilfe und Fortpflanzungsstörungen den Grüngürtel, gehen nach links und befinden uns in unmittelbarer Nähe der Friedrichstraße. Vor uns schon die bröckelige Rückseite des *»Tacheles«,* nach seinem Bau 1909 ein Kaufhaus mit vielen Passagen, später das Haus der Technik, jetzt ein Zentrum für junge Künstler. Das schauen wir uns noch genauer an. Wir biegen rechts ein in die *Oranienburger Straße*, vor uns gleißen Synagogenkuppel und Fernsehturm in der Sonne um die Wette.

Die Atmosphäre dieser Straße ist nicht leicht zu beschreiben: Seit der Wende haben ihr Künstler, Kneipiers und käufliche Damen den Stempel aufgedrückt, daneben hat das jüdische Berlin mit der teilweise restaurierten Synagoge sein neues altes Zentrum gefunden, und dazwischen leben jene, die schon seit Jahrzehnten hier sind – eine eigentümliche Mischung aus jüdischem Leben, grauem Osten und buntschillernder Vitalität.

Ich hege keine guten Erinnerungen an den düsteren Bau, der jetzt als »Tacheles« – jiddisch soviel wie »Klartext reden« – bundesweit Furore macht. Im Krieg mußten wir uns hier mit der Schule einen der schlimmsten antisemitischen Hetzfilme der NS-Zeit anschauen: »Jud Süß« von Veit Harlan. Dieses Erlebnis bestimmte mein Verhältnis zum Haus nachhaltig. Ich konnte keine Trauer empfinden, als das Gebäude den alliierten Bombern zum Opfer fiel.

Jetzt ist das Treppenhaus, das ich damals so empört verließ, bemalt, mit Sofafedern ausgestattet; aus metallenem Schrott – Gaskochern, Heizungsbesen, Spitzhakken – wird Kunst, Ausstellungen finden statt, junge Menschen haben sich ihre kleine Welt gebaut, jenseits der gelackten und genormten Vergnügungen, haben Spaß, arbeiteten emsig, das Haus vorm völligen Ruin zu bewahren, und ich find's – wunderbar.

Der Kiez wehrt sich gegen das Anheften von Etiketten, das als Dokumentation feilgeboten wird. Besonders die Presse, die von »Berlins schrägster Meile« und einem »neuen Tollhaus« spricht, übt sich in schrillen Kampagnentönen und im Ausmalen von Ansichtskarten – Klischees, soweit das Auge reicht. Ich empfehle, mal einen Abend hier zu verbringen und sich bei Tage die imposanten Bürgerhäuser genau anzuschauen, die mit ihren Fassaden viele Geschichten erzählen, Treppenhäuser zu betrachten und Höfe zu betreten. Zum Beispiel den des Hauses Nr. 32 in unmittelbarer Nähe des Postfuhramtes: Das ganze Areal wurde von einem Modezaren gekauft –

Alternativkunst, Halbwelt und jüdisches Leben: Die Oranienburger Straße ist vielleicht die lebendigste Meile der Republik. Aus dem ehemaligen Passagen-Kaufhaus haben junge Menschen ein Zentrum geschaffen, das als »Tacheles« bundesweit für Furore sorgt. Die Neue Synagoge mit ihren arabisch anmutenden Kuppeln wird am fünfzigsten Jahrestag der Kapitulation Hitler-Deutschlands wiedereröffnet. Dazwischen ragt das ehemalige Postfuhramt empor, in dessen Hof dereinst zweihundert Rappen in zwei Stallungen untergebracht waren.

was er schneidert, weiß ich nicht, allein man merkt am Transparent im zweiten Hof, daß er nicht sonderlich beliebt ist bei den Anwohnern. Kaum dort angekommen, erkennt man links einen alten Pferdestall. Traurig blickt ein steinerner Gaul herab; mehr als hundert Jahre prangt er hier, aber seitdem alles verfällt, tropfen Teerreste vom Dach auf seine Nüstern. Wendet man seinen Blick nach rechts, sieht man die Mauer des Seitenflügels des Nebengebäudes, und wer genau hinschaut, bemerkt ziemlich weit oben Fensterstürze – obwohl dort nie Fenster waren. Die Maurerlehrlinge der Gründerzeit mußten ausgebildet werden, und woran lernt man mehr als am Objekt selbst?

Doch weiter: ein verfallenes Fabrikgebäude, davor ein verwüstetes Auto, Glasscherben im Motorraum, daneben ein altes Fauteuil, lange Gerüststangen lehnen an der Fassade der früheren Kleiderfabrik. Vorbei an den Resten der Kellerkneipe »Zur unterirdischen Tante«, steht man plötzlich auf der *Auguststraße*.

Die *Tucholskystraße* überquerend – an den Fassaden die Reste der Vergangenheit –, begeben wird uns an der Auguststraße 5 in den Hof des früheren *Postfuhramtes;* der rot-gelbe Klinkerbau stammt etwa aus derselben Zeit wie die Synagoge und ist architektonisch ähnlich bedeutend.

Auf dem ausgedehnten Hofgelände waren früher zweihundert Pferde in zwei Stallungen untergebracht. Eine Postkutsche prescht noch heute los: vierspännig, die Pferde sind gerade getränkt, eine Frau im taillierten, langen Kleid bittet den reisenden Alten, Grüße zu bestellen, Kinder verabschieden sich vom bärtigen Greis, ein Hund bellt, springt am Wagen hoch, eins der Pferde kann die Abfahrt nicht erwarten, versucht aus dem Geschirr auszubrechen, bläht die Nüstern, wird vom Postkutscher beruhigt – ein meisterliches Terrakotta-Relief aus dem Jahre 1878 von H. Steinemann.

Die Postangestellten liebten es, zwei von ihnen so sehr, daß sie seine Zerstörung im Zweiten Weltkrieg unter allen Umständen verhindern wollten: Sie verbanden es vorsichtig mit Mull und mauerten es ein.

Schräg gegenüber dem Posthof begeben wir uns in einen Hinterhof, der die Auguststraße 83 mit der *Linien-*

Wer Augen hat, zu sehen, wird fast überall in Mitte Spuren des alten Berlins finden. Wie hier im Hof Auguststraße 83/Linienstraße 147, wo die oberste Stufe einer Freitreppe die Zeitläufte überstanden hat.

*straße* 147 verbindet. In den doppelgezackten Blättern der riesigen Ulme in der Hofmitte wispern freundlich der Sommer und der Wind, Klettergerüst und Brunnen schmücken das großzügige Areal. Nebenan auf dem Grundstück eine alte Wagenremise. Am mittleren Mauersturz rechts am Ende des Hofes, wo eine Treppe vom Haus in den Garten führte, eine Bank und darüber im Mauerwerk die oberste Stufe jener Freitreppe – früher sicher flankiert von einem schmiedeeisernen Geländer; die anderen Stufen fassen jetzt das Nadelgehölz ein paar Meter weiter ein. Im Hofgebäude hatte früher der Zirkussammler Markschiess van Trix sein Archiv und seine Ausstellungsräume.

Die Ecke Linienstraße, *Tucholskystraße* ist seit mehr als hundert Jahren die Adresse der *Gastwirtschaft Bötzow,* die noch heute in Familienbesitz ist; dort findet sich die schönste und größte noch erhaltene Theke Ost-Berlins aus der Neorenaissancezeit um 1890. Daneben noch interessant: die Dayton-Ohio-Kasse von der Ohio-Cash-Company, um die Jahrhundertwende die berühmteste Geldkassenfabrik der Welt. Die Kasse mit broncenem Gehäuse wiegt mehrere Zentner, damit sie keiner wegtragen kann.

Über die Tucholskystraße schwenken wir erneut in die *Auguststraße* ein, diesmal in Richtung Rosenthaler Straße. Vor uns glänzen die sechshundert Gramm Blattgold der Synagogenkuppel.

Der Hof der Auguststraße 14/16 birgt ein Kapitel aus der dunkelsten Periode deutscher Geschichte, das Regina Scheer in ihrem Buch »AWAHAH – Das vergessene Haus« bewegend dargestellt hat. Der dreistöckige Gebäudekomplex aus dem Jahre 1860 war bis in die NS-Zeit ein Zentrum jüdischer Wohlfahrt: Mädchenwohnheim, Jugendfürsorge, eine Kinderstube, ein Tagesheim für Säuglinge waren hier untergebracht, um nur einiges zu nennen. Bis 1914 diente es der jüdischen Gemeinde als Krankenhaus, nach dem verstärkten Zustrom ostjüdischer Flüchtlinge nach dem Ersten Weltkrieg richtete man eine Kindervolksküche und ein Heim für die Nachkommen mittelloser Familien ein.

Nach der Entfesselung des Zweiten Weltkriegs wurde das Haus, in dem so lange Gerechtigkeit und Barmher-

Treppenhaus Auguststraße 69

Im Hof Auguststraße 32 gewahrt man plötzlich einen Pferdestall, die verblaßte Inschrift eines jüdischen Kleiderhändlers; Fensterstürze im Seitenflügel erzählen von dilettierenden Maurerlehrlingen, und in einer alten Kellerbar nistet der Schutt.

zigkeit gewohnt hatten, zum Sammellager. Zwischen 1941 und 1943 verschleppten die Nazis von hier 15 000 alte jüdische Menschen in die Vernichtungslager.

Schräg gegenüber in der Nr. 69, wo die Berolina-Margarinefabrik noch bis in die vierziger Jahre hinein den Buttterersatz herstellte, haben sich junge Künstler Atelier- und Ausstellungsräume geschaffen. Im Inneren des 1760 gebauten Hauses lockt ein spätbarockes Treppengeländer.

Die bekannteste Adresse an der Auguststraße ist *Clärchens Ballhaus,* einer der meistbesuchten Tanzsäle Berlins in den zwanziger Jahren. Im Hinterhaus der Nr. 24 wird auch heute noch geschwoft. Vorderhaus wie Seitenflügel sind weggebombt, aber wenn man vor dem Ballhaus steht, kann man noch die Spuren des Lebens im rechten Seitenflügel ausfindig machen: Die Türen zu den Wohnungen hängen surreal im Mauerwerk, man erkennt, wo die Küchen waren, wo es sonntags in den Pfannen auf dem Herd schmurgelte, eine Küchenluftklappe verrät's. Man sieht sogar noch, wo die Ablaufrohre verliefen vom Abwaschtisch und vom Ausguß in der ersten Etage; im dritten Stock windet sich die Gasleitung aus der Mauer.

Das Haus Nr. 26 b wurde kurz nach 1800 gebaut, Lisenen mit ionischen Kapitellen, im Inneren das originale Treppenhaus mit schlichtem Geländer.

Wir biegen ein in die *Große Hamburger Straße.* Wie keine andere symbolisiert sie die Greuel der Nationalsozialisten, aber auch das Zusammensein der verschiedenen Konfessionen auf engstem Raum: links vor uns die evangelische Sophienkirche, im Gebäudekomplex Nr. 5-11 das katholische St. Hedwig-Krankenhaus, wenige Meter weiter die jüdischen Einrichtungen. Man lebte miteinander und vertrug sich. Aber vielleicht lebte man doch nur nebeneinander, denn die christlichen Konfessionen taten fast nichts, als ihre jüdischen Mitmenschen ihrer Hilfe am meisten bedurft hätten: Wie ein Mann hätten die Christen aufstehen müssen, als die Nazibarbarei begann.

An der Nr. 32 vorüber, in deren Fassade, rechts neben dem Eingang, Splitterbombeneinschläge an den Zweiten

Weltkrieg gemahnen. Einige Häuser weiter auf der linken Seite der Großen Hamburger Straße die ehemalige *jüdische Knabenschule,* in der sich heute wieder ein jüdisches Gymnasium befindet. Schon die erste jüdische Schule Berlins, gegründet vom Philosophen Moses Mendelssohn, hatte hier ihren Platz, jetzt lernen die jüdischen Jungen und Mädchen in einem späten Jugendstilbau.

Fast hätte auch ich hier die Schulbank gedrückt: Direktor Georg Kimpel von der »Höheren Privatschule für Knaben«, die ich als Kind besuchte und in deren Räumen man das ansonsten allgegenwärtige Führerportrait vergeblich suchte, bekam den Bau 1942 angeboten, als die Deportationen schon angelaufen waren. Doch der Mann mit dem untrüglichen Gefühl für Anstand schlug die Offerte aus: »An solchem Unrecht beteilige ich mich nicht, da bleibe ich lieber in der Dresdener Straße 90 im dritten Hinterhof.« Es gab also auch Leute, die den Mut hatten, die Wahrheit zu sagen. Immer wieder imponierend!

Von der Fassade des jüdischen Gymnasiums begrüßt uns Moses Mendelssohn, und wir nehmen seinen Spruch dankbar in Empfang: »Nach Wahrheit forschen, Schönheit lieben, Gutes wollen, das Beste tun«.

Neben der Schule verbrachten jüdische Alte ihren Lebensabend. 1942 verwandelte die Gestapo das Altenheim in ein Sammellager des Todes. Von den vier Sammellagern Berlins war es das größte. Insgesamt 55 000 Juden wurden von hier aus in die Stätten des Grauens deportiert. 55 000 – eine mittelgroße Stadt, doch bleibt die Zahl abstrakt: Wer sieht die abertausend zufällig zusammengetriebenen Menschen, jeden einzelnen mit seinem Leben, seinem Kummer und den kleinen Freuden des Daseins, Männer, Frauen, Alte, Kinder, in den höllischen Duschräumen der Vernichtungsfabriken? Nacht umhüllt das Niedrigste, was je Menschen anderen Menschen zufügten.

Hinter dem weggebombten Altenheim finden sich die Überreste der ältesten jüdischen Begräbnisstätte Berlins, noch aus dem 17. Jahrhundert. 1943 wurde sie auf Befehl der Gestapo zerstört – 3 000 Gräber fielen den Vandalen zum Opfer, von ihren Fenstern aus mußten die verbliebenen alten Juden mit ansehen, wie die lachenden SS-Schergen mit den ausgegrabenen Schädeln Fußball spielten.

Freude an Grausamkeit und Gewalt gibt es wohl immer; sie lebt dann auf, wenn den Menschen Gelegenheit eingeräumt wird, ihren gemeinsten und verbrecherischsten Instinkten nachzugeben, wenn die Bestialität sich zu einem System erhebt, das an die Abgründe im Menschen appelliert.

So ist und bleibt die Große Hamburger Straße ein Ort des Schreckens – und der Mahnung, heute den braunen Anfängen zu wehren.

Nach dem Zweiten Weltkrieg errichtete man den Grabstein für Moses Mendelssohn neu auf dem noch nicht ganz planierten Gelände, einige Holzkreuze und jüdische Grabmäler standen noch bis in die siebziger Jahre; dann ebnete das Stadtgartenamt die letzten Reste des jüdischen Friedhofs ein. Was man sich dabei dachte, bleibt unerfindlich. Wahrscheinlich nicht viel.

Der ehemals gute Ort, als den die Juden ihre Friedhöfe ansehen, liegt verwünscht vor uns; und doch gibt es keinen Wildwuchs, kein Dornengestrüpp, nur ein paar Ahorne und Kastanien – eine verwaltete Grünflächenverlassenheit. Ringsherum ist der ehemalige Friedhof von Mauern und alten Häusern umgeben, der Turm der nahen Sophienkirche schaut herüber.

Über die *Oranienburger Straße* nähern wir uns der Neuen Synagoge. Schon von weitem bemerkt man eine Szenerie, die mich erschreckt, die aber wohl in Zeiten wie diesen sein muß: Absperrgitter, hinter denen Polizisten mit schußsicheren Westen um den Leib und Maschinenpistolen im Anschlag patrouillieren.

Die jüdische Gemeinde Berlins wuchs nach der rechtlichen Gleichstellung Mitte des 19. Jahrhunderts stark an: 30 000 Juden lebten um 1860 in der Stadt. Die neue *Synagoge* sollte das jüdische Selbstbewußtsein demonstrieren, nicht mehr »Juden in Deutschland« wollte man sein, sondern »deutsche Juden«.

Der erste Plan des Architekten Karl Heinrich Eduard Knoblauch sah vor, die Synagoge rund neunzig Meter hinter der Straße freistehend aufzurichten. Doch der Ge-

Blick auf die Spandauer Vorstadt mit der Synagoge

Die Eingangshalle der Neuen Synagoge diente früher als Auffahrt für die Kutschen und Automobile der Gottesdienstbesucher. Allein 1910 ereigneten sich hier siebzehn »Verkehrsunfälle«.

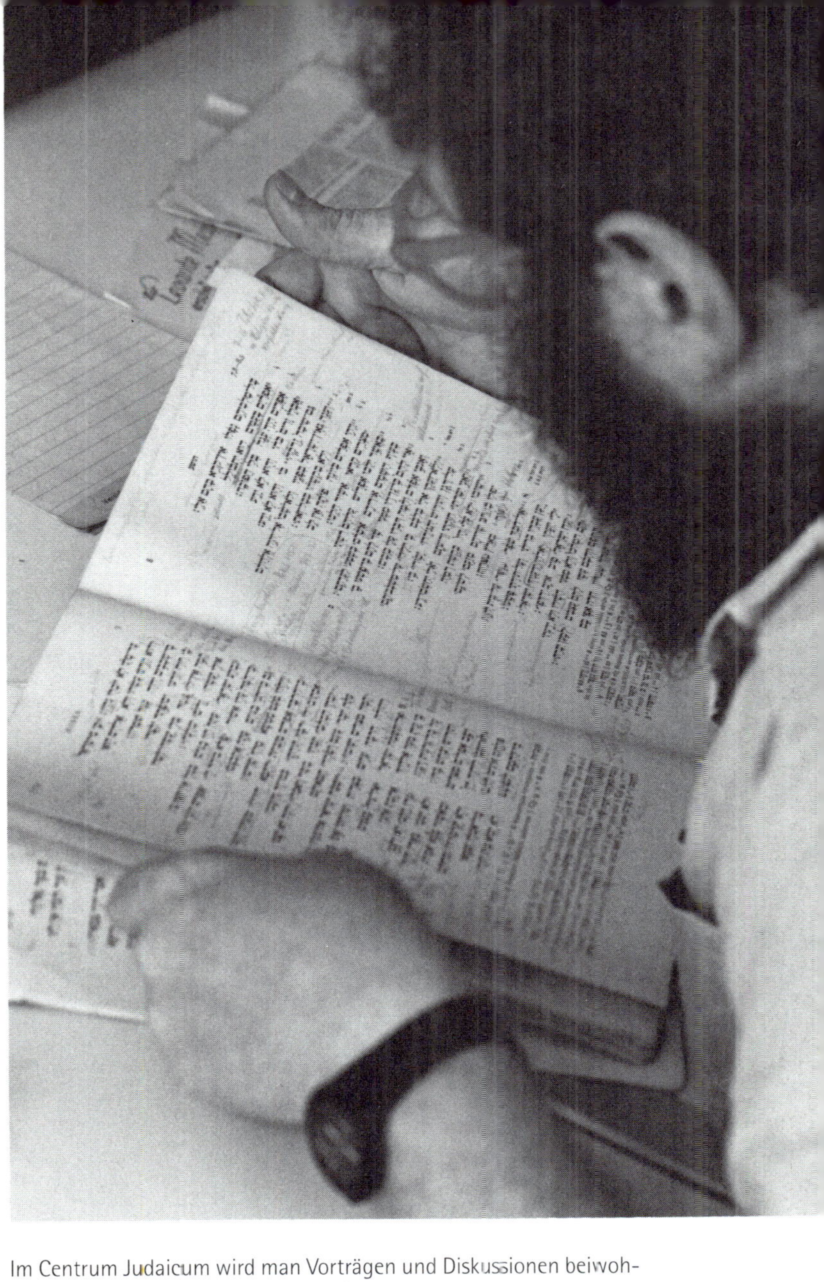

Im Centrum Judaicum wird man Vorträgen und Diskussionen beiwohnen können; die Mitarbeiter bereiten Ausstellungen zur Geschichte des Hauses ebenso vor wie zur Geschichte der Berliner Juden.

Jüdischer Friedhof in der Großen Hamburger Straße

meindevorstand lehnte ab: »Wir wünschen keine Synagoge im Hinterhof, sondern wir wollen an der Straße zu sehen sein.«

So schuf Knoblauch neben der Hauptsynagoge, die tatsächlich weit weg von der Straße entstand, eine repräsentative Vorsynagoge mit Eingangshalle, Herrenvestibül und Trausaal, gekrönt von den drei weithin sichtbaren Kuppeln, die formal auf orientalische Vorbilder Bezug nehmen. Architekt Knoblauch lieferte ein Meisterwerk, denn das Grundstück war denkbar ungeeignet für den Prachtbau: Unter ihm verläuft ein Sandmoraststreifen, der den ganzen Bezirk Mitte durchzieht, und es ist schräg geschnitten. Der Vorhalle kam bei der Problemlösung eine Schlüsselstellung zu: Sie steht auf einem zwölf Meter hohen Granitsockel, den man in die Erde rammte und mittels Eisenträgern mit den Synagogenfundamenten verband; gleichzeitig fing Knoblauch, kaum merklich, die sich aus der Schräglage ergebene Abwinklung der Bauachse in der zwölfeckigen Vorhalle auf. Offiziell diente sie dazu, die ankommenden Gottesdienstbesucher aufzunehmen, die durch das linke Tor mit Kutschen und später mit kleinen Automobilen hineinfuhren und rechts wieder hinaus. Das muß ein wahrer Verkehrsknotenpunkt gewesen sein, allein 1910 ereigneten sich siebzehn Verkehrsunfälle, bei denen glücklicherweise niemand verletzt wurde.

Im Trausaal legten die Nazis am 9. November 1938 Feuer, und nur dem beherzten Eingreifen des Reviervorstehers Wilhelm Krützfeld, der mit gezückter Pistole die Feuerwehr zu löschen zwang, war es zu verdanken, daß die Synagoge nicht bereits 1938 ausbrannte. Ihre Ausraubung in der Mordpogromnacht konnte er freilich nicht verhindern. Einen Tag später wurde Krützfeld vom Dienst suspendiert. Heinz Knobloch hat diesem mutigen Mann in seinem lesenswerten Buch »Der beherzte Reviervorsteher« ein Denkmal gesetzt.

Im Krieg entweihte die Wehrmacht die Synagoge: Das Heeresbekleidungsamt III richtete ein Textillager ein. Die Nazis zogen eine Betondecke, um die Kellergewölbe zu stabilisieren. In diesem Beton fand die jüdische Gemeinde bei den Aufräumungsarbeiten 1989 den wichtigsten Sakralgegenstand einer jeden Synagoge: das Ner tamid, die ewige Lampe, die vor dem Thoraschrein in der Synagoge ihr Licht verbreitete. 1866 hatte die vermögende Familie Jakoby sie der jüdischen Gemeinde zur Einweihung des Hauses geschenkt.

Im November 1943 fielen alliierte Bomben, die Hauptsynagoge wurde schwer beschädigt, 1958 wurden die Außenmauern auf Geheiß der DDR-Behörden abgerissen, trotzdem sich die jüdische Gemeinde dagegen ausgesprochen hatte. Der DDR-Staat hatte es übrigens nicht für nötig gehalten, Nazi-Unrecht rückgängig zu machen – bis zur Vereinigung, so erzählte mir ein Mitarbeiter der jüdischen Gemeinde, firmierte das Heeresbekleidungsamt III als Besitzer im Grundbuch.

3 200 Menschen fanden in der Hauptsynagoge Platz. Bis Mai 1995 sollen die Grundmauern freigelegt sein; eine begehbare Fläche soll entstehen, die die Ausdehnungen der Synagoge erfahrbar macht.

Der repräsentative Vorbau ist im Inneren fragmentarisch restauriert worden. Natürlich hätte man alles wiederherstellen können; die Belege, die man fand, die Reste der Kassettierungen zum Beispiel, reichen heutigen Konservatoren aus, die ganze Decke so zu gestalten, wie sie früher einmal war. Doch das will die jüdische Gemeinde nicht, und ich finde es gut so. Die lückenhafte

Ergänzung soll die Verluste durch die NS-Zeit deutlich werden lassen. Man soll sehen, was alt ist und was neu.

Eine Merkwürdigkeit kam den Restauratoren zugute: In über vierzig Jahren wurde aus der Synagoge nichts gestohlen. Während die Berliner im grimmigen Winter 1945/46 den gesamten Tiergarten abholzten, um ihn zu verfeuern, brach man aus der Synagoge nicht eine einzige Tür heraus. Die Treppenstufen und die Fliesen, alles Carrara-Marmor, fanden die Restauratoren der jüdischen Gemeinde unbeschädigt vor – erschüttertes deutsches Gewissen, ein Anflug von Scham über die Verbrechen am jüdischen Volk, die ja jedermann, der Augen hatte zu sehen, bekannt sein mußten?

Die Oranienburger Straße 30 war immer eine Adresse für Gott, also soll er hier auch wieder wohnen. Eine kleine Synagoge mit fünfzig Plätzen entsteht im zweiten Stock. Im Erdgeschoß bereitet man eine Ausstellung zur Geschichte des Hauses und zum Wiederaufbau vor, in der ersten Etage, auf der ehemaligen Frauenempore, eine weitere, nämlich zur Geschichte der Juden und der jüdischen Gemeinde Berlins. Ihr Vorstand wird wieder in den alten Räumen tagen, und gleich neben der kleinen Synagoge öffnet das Centrum Judaicum seine Pforten. Als ich 1985 hörte, daß dieses Museum entstehen soll, freute ich mich, daß ich einige Stücke jüdischer Geschichte aufbewahrt hatte: vor allem die Biblia hebraica aus dem 18. Jahrhundert, aber auch Grammophonplatten mit Synagogenmusik und Werken jüdischer Komponisten. Die Bibel stammte von meiner Tante; über die Jahrhunderte war sie in der Verwandtschaft weitergegeben worden. 1943 lagerte sie im hohlen Sockel eines Bücherschrankes auf ihrem Gut in Ostpreußen. Als mir meine Tante erklärte, daß es nicht ungefährlich sei, derlei aufzubewahren, dachte ich: Dann müssen wir es erst recht der Nachwelt erhalten.

Im September 1943 beauftragte ich, so »verrückt« war ich als Fünfzehnjähriger, einen Spediteur, alles Gründerzeitliche vom Gut in eine Scheune nahe Berlin zu transportieren. Die Bibel lagerte ich in ihrem alten Versteck; um die Platten zu tarnen, schnitt ich altes vergilbtes Papier zurecht, klebte es mit wasserlöslichem
 Leim auf die Plattenetiketten und schrieb mit Feder und

Tinte »Der Torgauer Marsch« und andere unverdächtige Titel, nebst erdachten Katalognummern. Kein Nazi, der die Platten zu Gesicht bekommen hätte, konnte Verdacht schöpfen, denn sie sahen genauso aus wie jene, die um 1900 überall zu haben waren.

Nach 1945 nahm ich ein Schwämmchen zur Hand, und die Schutzmarke der Emil-Berliner-Grammophongesellschaft schaute mich wieder an: der Foxterrier vor dem Trichter – »His Masters Voice«, die Stimme seines Herrn.

Ich schlage eine Kehrtwendung vor, wir bewegen uns zurück in Richtung *Hackescher Markt*, vorbei am Monbijoupark, wo verschiedene Kurfürstinnen, aber auch Mätressen der jeweiligen Herrscher in einem kleinen Lustschlößchen wohnten – doch das ist lange her, heute sonnen sich die Berliner im Park, planschen Kinder in einem der beliebtesten Schwimmbäder dieser Gegend.

Der Hackesche Markt wurde um 1750 vom Generallieutnant Graf von Hacke angelegt. Den Mittelpunkt des unregelmäßigen Platzes bildet der Hackesche Bahnhof. Zwischen 1878 und 1882 erbaut, wurde er in den fünfziger und sechziger Jahren umgewandelt, vor allem aber verschandelt: Im Inneren verkleidete man die Klinkerfassade mit scheußlichem roten DDR-Plaste. Wie Hunde an jeden Hydranten ihre Duftmarke setzen, benannte der DDR-Staat jeden einigermaßen repräsentativen Platz nach den Ikonen des Sozialismus und brachte an jedem bedeutsamen Gebäude die Büsten der sozialistischen Vordenker an; so blieb auch die Fahrkartenhalle nicht verschont von zwei monströsen Gipsreliefs: Marx und Engels blickten ernst auf die S-Bahn-Nutzer herab, so als wären sie die Schutzpatrone von Bus und Bahn.

Doch selbst zu DDR-Zeiten gab es nicht nur Betonköpfe, sondern auch kluge Denkmalspfleger, und so ging man in den frühen achtziger Jahren daran, den Bahnhof so weit wie möglich in den ursprünglichen Zustand zu versetzen; ein technisches Denkmal sollte entstehen, und ich war glücklich, daß ich dabei ein kleines bißchen mitwirken konnte.

Eines Tages erschienen mehrere Architekten bei mir im Gründerzeitmuseum, zeigten mir Bilder und Zeichnungen des früheren Bahnhofs; ich gab ihnen Tips, wie die Lisenen und Fenstereingänge zu gestalten wären. Doch eines Problems war mit alten Zeichnungen nicht Herr zu werden: der Gestaltung der Details wie Türklinken und Beschlägen.

»Wo finden wir bloß ein Modell?« fragten meine Besucher etwas ratlos. »Kein Problem«, antwortete ich, ließ die verdutzten Architekten im neogotischen Eßzimmer stehen und kehrte nach wenigen Minuten mit einer Klinke zurück, die genauso aussah wie jene, die die Türen des Hackeschen Bahnhofs geziert hatten. Freilich war es nicht das Original; dieses exakte Gegenstück hatte ich aus einem Abrißhaus geborgen. Die Bahnhofstürklinken waren in der Gründerzeit aus Bronce gefertigt, ich konnte immerhin mit einer gußeisernen Variante aufwarten. Diese Klinke besaß eine Geschichte – wie so viele Dinge, die ich im Laufe der Jahrzehnte zusammengetragen hatte und mit denen ich mich bis heute umgebe.

Schon in der Kinderzeit interessierte ich mich für Bahnhöfe. Fuhr ich mit meinem Großonkel in die Stadt, stiegen wir meist am Stadtbahnhof Börse aus – so hieß vor dem Krieg der Bahnhof Hackescher Markt. Sieben Jahre war ich alt, bestaunte die Gründerzeitfassade an der Straße Am Zwingligraben und merkte mir jedes Detail – auch die Klinken: geschweift, mit einem Akanthusblatt, auslaufend in schneckenförmigen Voluten. Dieser Detailbesessenheit verdanke ich es, daß ich Mitte der sechziger Jahre in einem Haus an der Schendelgasse, fast an der Ecke Max-Beer-Straße, das der Abrißbirne zum Opfer fallen sollte, stutzte: Die Klinke an der eingetretenen Eingangstür kam mir sehr bekannt vor; sie sah genauso aus wie jene des früheren Bahnhofs. Ich baute sie ab, ich wollte das Modell der Nachwelt erhalten, denn obwohl es in der Gründerzeit zu Tausenden hergestellt worden war, fand es sich nach dem Zweiten Weltkrieg nur noch selten.

Im Haus gelangte ich in eine Wohnung, die einem Trümmerfeld glich: die Fenster zerschlagen, zerrissene Vorhänge blähten sich im Wind. Der Boden der Stube war übersät mit Radios aus den zwanziger bis fünfziger Jahren. In der Küche lagen Abfälle und vertrocknete Essensreste, die vergilbten Wände und der randvolle

Aschenbecher deuteten auf einen starken Raucher, der hier jahrelang gelebt haben mußte. Auf dem unbezogenen Bett stapelten sich abgewetzte Jacketts, Anzüge, Mäntel. Wie oft hatte ich bei meinen Touren durch die Abrißhäuser solche Wohnungen gesehen. Die meisten Menschen, die dort Jahrzehnte ihren Lebensmittelpunkt hatten, mußten den Ost-Berliner Plattmachern weichen, die Neubauten hochziehen wollten. Wahrscheinlich war dieser alte Sammler in ein Altersheim eingewiesen worden.

Die Wohnung war ein Saustall, natürlich. Aber wie auch immer er gelebt haben mag in seinem Dreck, es war sein Leben, es waren seine Dinge, die er liebte; und niemand hatte ein Recht, ihm diesen Lebenssinn zu rauben, ihm schnöde die Tür zu weisen. Bestimmt wußte er zu jedem Radio eine Geschichte zu erzählen. An dieser Sammlung hingen ein Herz, eine Lebensgeschichte und gewiß auch Leid. Wenn ich an diese Besichtigung und an das Schicksal des Sammlers denke, fällt mir sofort ein alter Bauer aus Mahlsdorf ein. Auch sein Haus wurde abgerissen – dem Fortschritt zuliebe, versteht sich. Dort hatte er sein Leben verbracht. Gute Zeiten waren es wohl nicht; er bewirtschaftete in der Nachbarschaft seinen kleinen Acker, besaß ein paar Hühner, von Annehmlichkeiten keine Spur; wer kann sich heute noch vorstellen, in einem Haus mit Plumpsklo zu leben, das sich in einem windschiefen Holzkasten im Hof verbirgt? Ihm machte es auch bei zwanzig Grad unter null nichts aus. Freilich hatte er viel Bekümmernis, aber er war daran gewöhnt, sein Leben einfach zu leben.

Dann mußte er in ein Altersheim, wo er ein für die Nachkriegsverhältnisse luxuriöses Zimmer bewohnte, fließend Warmwasser, Zentralheizung, schöne Aussicht. Doch was ist Komfort für solch einen aus der vertrauten Umgebung gerissenen Menschen – ein Scheißdreck, mit Verlaub. Einmal noch sah ich ihn vor den Trümmern seines Hauses stehen. Ein Schatten seiner selbst, mit einem betrübten, sehnsüchtigen Gesicht und hängenden Schultern – zum Erbarmen. Wenn alte Leute keinen Mut mehr haben, ist es bald vorbei. Wenige Monate später starb er.

Dem Radiosammler aus der Schendelgasse wird es nicht viel anders ergangen sein; jene Klinke, deren

Auf der Suche nach Fundstücken

Nachbildungen nun den Hackeschen Bahnhof zieren, ist für mich untrennbar mit dem Schicksal dieses Menschen verbunden, denn wie oft hatte er sie heruntergedrückt.

Wer Trödelmärkte liebt, sollte den unter den S-Bahn-Viadukten nicht versäumen. Hier findet man alles, was das Sammlerherz begehrt: Stand- und Wanduhren, Schränke, Büfetts, Damensalonschreibtische. Ich liebe solche Trödler, die noch ein bißchen so sind wie früher: Neben den Möbeln, die erhaben in den Ecken stehen, breitet sich der Kleinkram völlig durcheinander auf großen Tischen aus – alte Bücher, vergilbte Fotos, Gläser, Tonvasen, kleine Blechdosen, Lampen, Früchteschüsseln, Thermoskannen, Leuchter, dazwischen ein wildledernes Paar Damenpumps mit Raubtiermusterung.

Ein wenig sollte man sich schon auskennen, wenn man eines der Möbel erwirbt. Wie leicht trifft man auf ein Sofa mit Spiegelumbau, Original 1913, dessen Bezug allerdings aus den fünfziger Jahren dieses Jahrhunderts stammt. Manchmal stößt man tatsächlich auf Billiges: Neulich sah ich einen Regulator, eine Wanduhr, für siebenhundert Mark, und für ein Palisanderklavier von 1860 siebenhundertfünfzig Mark zu zahlen ist nicht zuviel – auf Kammerton A läßt es sich freilich nicht stimmen.

Verläßt man den Trödelmarkt und geht zurück in Richtung *Neue Promenade*, kann man die klinkerverblendete Fassade des Bahnhofs bewundern. Nur die hölzernen Kapitelle sind nicht ganz stilecht – man hätte sich in der Gründerzeit scheckig gelacht, wären sie damals so angebracht worden. Denn die Säulen enden in einer Rundung, was stilistisch unmöglich ist für die Neorenaissance. Ein Quaderabschluß wäre hier mindestens vonnöten. Von dieser Kleinigkeit abgesehen, die wohl nur wenige bemerken, ist die Restaurierung hervorragend gelungen.

Die Straßenbahnhaltestelle überquerend, erheben sich an der Neuen Promenade Häuser aus den siebziger Jahren des 19. Jahrhunderts. Bis in die fünfziger Jahre hinein besaßen sie wunderbaren klassizistischen Stuck, der, Sachlichkeit war Trumpf, einfach abgeschlagen wurde. Selbst die Bauarbeiter, die dieses öde Unterfangen in die Tat umsetzten, gingen etwas melancholisch ans Werk, zumal sie sich in ihrer Profession nicht recht ernst genommen fühlten. Sie sahen sich nicht zum Kaputtschlagen berufen, sondern wollten aufbauen, gestalten. »Ja, wir begreifen es selber nicht«, sagte einer der Arbeiter zu mir und nahm einen tiefen Zug aus der Bierflasche. »Tadellos in Ordnung der Stuck, bombenfest. Und da, die paar Ecken«, er zeigte mit dem Flaschenhals auf abgebröckelte Stellen in der Fassade, »die könnte man komplettieren.« Ohne größeren Aufwand hätte man das Gesicht der Häuser bewahren können. Denn damals waren die Bauarbeiter noch Meister ihres Fachs, manche hatten noch in der Kaiserzeit gelernt und standen mit den Fassaden auf du und du. Allein es fehlte der Wille der Behörden. Muß ich betonen, wie betrübt ich von dannen schritt, als der Stuck aufs Trottoir prasselte?

Ein paar Schritte weiter an den unscheinbaren Häuserfronten der *Rosenthaler Straße* entlang gehend, tauchen wir bei Nr. 40/41 in die Hackeschen Höfe ein, ein Zeugnis der Industriegeschichte Berlins. Doch zuvor werfen wir einen Blick in die *Sparkassenfiliale*. Von außen ähnlich konturlos wie Tausende andere Banken auch, lebt im Inneren noch ein bißchen der Geist der Kaiserzeit – auch wenn das im geschäftigen Klima niemanden zu interessieren scheint. Im hinteren Teil der Sparkasse steht die wuchtige holzgetäfelte Originaleinrichtung aus der Jahrhundertwende und scheint genau zu beobachten, was sich zu ihren Füßen abspielt. Was sie wohl denken mag angesichts der Computeranlagen, dem straff-effizienten und dabei eigentümlich lautlosen Tun der Bankmenschen? Nun ja, fliehen wir den Tempel des Mammons und begeben uns in die *Hackeschen Höfe*. Zu Gewerbe- und Wohnzwecken Ende des 19. und Anfang des 20. Jahrhunderts erbaut, sind sie ein Paradebeispiel für die Epoche des Jugendstils, auch Art Nouveau, Modern Style oder Sezessionsstil genannt. Sich bewußt vom Historismus lösend, trat der Jugendstil zu Beginn des Jahrhunderts mit verspielten Formen hervor, die später immer sachlicher wurden.

Mit dem Jugendstil konnte ich nie so recht warm werden. Zwar sind aus dieser Epoche wunderschöne Bauten erhalten, originelle Fassadenverzierungen, und doch würde ich immer eine Neorenaissancefassade vorziehen. Mir liegen trotz der – mitunter überladenen – Ornamentik die im Kern schlichten Formen der Gründerzeit: die Symmetrie des Baues, in der Mitte die Tür, links drei Fenster, rechts drei Fenster. Das Haus steht da wie ein Menschenkind, zwei Ohren, zwei Augen, die Nase in der Mitte und der Mund zum Reingehen. Der Jugendstil dagegen neigt zu Asymmetrie, was mir nicht behagt.

Nehmen wir nur die Fenster: Das einfache Kreuzfenster mit durchgehenden Scheiben, das in der Gründerzeit seinen Durchbruch hatte, ist für mich das Ideal. Der Jugendstil behielt die Form der Kreuzfenster zunächst bei, durchbrach sie aber gleichzeitig durch eine Sprossenteilung. Diese wies zurück in eine Zeit, als man noch nicht in der Lage war, große Fensterscheiben herzustellen. Das Ergebnis ist in meinen Augen ein Aufruhr, ein unruhiges Gewirr, und für die Hausfrau schlecht zu putzen obendrein.

Auch mit der Ornamentik des Jugendstils habe ich meine Probleme: Die weißen schmückenden Flächen im ersten Hackeschen Hof, die mit farbigen Glasursteinen verblendeten Flügel, die dem Bau das Gepräge geben, wirken auf mich kühl, geradezu langweilig. Ich gerate, Jugendstilliebhaber mögen es mir nachsehen, nicht in Verzückung, wenn ich durch die Hackeschen Höfe wandere.

Bei den Möbeln des Jugendstils wird es allemal ärger. Sicher, Einzelanfertigungen von Henry van de Velde sind etwas Großartiges, doch bald ging man im Jugendstil zur Massenproduktion über – was ihm schlecht bekam. Die Künstler, die die Möbel entwarfen, ließen sich eine Menge Schweifungen einfallen, die maschinell indes kaum nachvollzogen werden konnten. Als der Jugendstil sich der Industrie unterordnen mußte, hatte er als künstlerische Form in meinen Augen bereits abgedankt.

Ich neige zur Stetigkeit, zur Klarheit: Was soll ich, solchermaßen im Wesen ausgestattet, von einem Damensofa halten, das mit feuervergoldeten Broncebeschlägen daherkommt, von einem riesigen Spiegelumbau im Facettschliff gekrönt wird, reich mit Jugendstilornamenten verziert? In einem Damensalon sah ich einmal ein solches Möbel, dessen Figur auf mich wirkte wie eine überdimensionale Eieruhr: auf einer Seite ein Schränkchen mit einer Tür, deren oberer Teil mit Jugendstilbleiverglasung versehen war, im unteren Teil eine filigrane Schnitzerei, üppige Blüten; die andere Seite mit Schränkchen, darunter eine Tür, darüber eine Etagere, auf der zwei Alabasterbüsten standen, Plastiken von Mädchen mit wallendem Haar, die Figuren auslaufend in den Sockel. Selbst der Spiegel über dem Diwan besaß noch eine vorgesetzte Konsole mit einer Jugendstilbüste aus Carrara-Marmor; alles zusammen für mich eine Clownerie. »Wenn ich die Wellenlinien des Jugendstils sehe, werde ich seekrank«, sagte Wilhelm II., und ich kann ihm nur beipflichten.

Der Stil eines Hauses oder eines Möbels ist das eine; das andere sind die Architekten und Künstler, die die Entwürfe fertigten, die Arbeiter, die die kühnen Ideen in die Tat umsetzen. Ihnen gilt, egal welchen Stilen und Epochen sie verbunden sind, meine Hochachtung, meine Bewunderung. Alle sind aufeinander angewiesen, einer ist ohne den anderen nicht denkbar, und so ist ein Bau wie die Hackeschen Höfe das Ergebnis tätiger gemeinsamer Bemühungen. Und ich weigere mich, des einen Rolle über die des anderen zu stellen, diesen als wichtiger anzusehen als jenen. Immer wieder sonderbar wirken auf mich Menschen, die mit viel Gewese ihre Titel, Funktionen, Ämter aufzählen, die sich erst in Positur setzen müssen, bevor sie einem ihr Ohr leihen oder einem die Güte ihrer Ansprache zuteil werden lassen. Nun, ich lasse sie gewähren, kann mich eigentlich nicht darüber ärgern, finde es schlimmstenfalls albern; ein mildes Lächeln kommt vielleicht über meine Lippen, mitunter durchzuckt mich der Gedanke: wie uninteressant, denn, nicht wahr, wir sind doch alle nichts Besonderes, sind nicht von Dauer, im Menschheitszyklus nehmen wir nicht mehr Platz ein als ein Körnchen im Wüstensand. Wie anders kann man diesen Menschen gegenübertreten als mit Mitleid und Ironie: Mitleid, weil wir doch alle sterblich sind, weil das Sterben von der Sekunde der Geburt an vorbestimmt ist; Ironie, weil trotzdem viele glauben, sie bedeuteten etwas.

Mir imponieren Menschen, die ihre Arbeit machen, wie wenig angesehen sie auch sei – der Straßenbahnfahrer etwa, der große Verantwortung trägt, oder jene Maurer, die mit ihren Händen die Hackeschen Höfe schufen und sicherlich um vieles besorgt waren damals, nur nicht um den eigenen Nachruhm.

Wo heute im ersten Hackeschen Hof das *Varieté Chamäleon* seine Bühne aufgebaut hat, befand sich früher das Kleindarstellerprobenstudio des Fernsehens. Ab Mitte der sechziger Jahre nahm ich kleine Rollen an, männliche, viel lieber freilich weibliche.

Einmal sollte ich den Part eines Transvestiten übernehmen. Der Film spielte in den mondänen zwanziger Jahren, und im Drehbuch war eine Barszene vorgesehen, in der sich Transvestiten vergnügen sollten. Ich trug mein schwarzes Taftkleid, spazierte durch die Kulisse, eine Kneipe mit einer Originaleinrichtung von 1892, da nahm mich der Regieassistent beiseite. Er hatte einigen Kummer mit den anderen Komparsen, die alle nicht »vom Fach« waren: »Ach weißt du, Lottchen, gestern haben wir wieder ein Theater gehabt mit den Kleindarstellern, so normale Männer eben, die haben wir in die Fummel gesteckt, aber die können ja alle nicht laufen, knicken ständig um mit den hohen Absätzen und treten sich alle auf die Schleppe. Kennst du nicht ein paar Transvestiten, die wir engagieren könnten?«

Ohne meine Antwort abzuwarten, schob er ein resigniertes »aber das wird wohl sehr schwierig« nach.

»So schwierig wird das, glaube ich, gar nicht, wieviel willst du denn haben?« fragte ich zurück, »dreißig, vierzig?«

»Hilfe«, stöhnte er und hob beide Hände, »ganz so viele nun auch nicht.« Er fürchtete wohl, Rudel von Transen würden alles in ein schnatterndes Chaos stürzen.

Ich rief einige Bekannte und Freunde an, und am nächsten Tag standen acht Transvestiten in ihren Kleidern am Drehort, und selbstredend trat niemand auf des anderen Schleppe. Sie mimten ihren Part so überzeugend, spielten, Tango tanzend, champagnertrinkend und kokainschnupfend – natürlich wurden nur Apfelschorle und Traubenzucker gereicht –, so glaubhaft die Gäste in der verruchten Nachtbar, daß nicht mal die Zensur mitbekam, daß die Damen nicht ganz echt waren, die da wie Elstern auf den altmodischen Barhockern saßen und sich mit großen Fächern und noch größeren Gesten Luft zuwedelten.

Aufmerksam wurden die staatlichen Wächter über Sitte und Anstand erst, als sich zwei Lesben, gewandet in schwarze Anzüge, eine mit einer Rose im Knopfloch, einem Kavalierstaschentuch in der Brusttasche und einem verwegenen Hut auf dem Kopfe, unter dem Spiegel küßten: Die Szene mußte geschnitten werden.

Hat man die Hackeschen Höfe durchquert, steht man auf der *Sophienstraße*. Rechts vorbei an den restaurierten Fassaden, stoßen wir wieder auf die *Rosenthaler Straße*. Bereits im Mittelalter angelegt, freilich als kleiner Feldweg, führte sie damals zum Dorf Rosenthal. Direkt neben dem berühmten alteingesessenen Möbelgeschäft Hasemann steht, wegen der modernisierten Fassade kaum erkennbar, eines der ältesten Häuser im Kiez, an der Rosenthaler Straße 36. Das Haus, das heute ein Reisebüro beherbergt, wurde Mitte des 18. Jahrhunderts erbaut, und wer sich die Mühe macht, durch den Hofeingang zu gehen, bekommt eine wunderbare, fast tadellos erhaltene Barocktreppe mit ovalem Auge zu sehen. Mögen andere bei der Berührung von Edelsteinen in Verzückung geraten, ich bin hin und weg, wenn ich das Rokokogeländer der Treppe betasten darf: handgefertigte Kunstschmiedearbeit – dafür besitze ich einen siebten Sinn. In einem Schloß wäre dieses Geländer vergoldet gewesen; da man Blattgold für ein solch vergleichsweise einfaches Haus nicht zur Verfügung hatte, strich man das Schmiedeeisen goldgelb an, was dem Stil der Zeit zumindest nahekam; nicht ganz stilecht wohl der neue Farbanstrich im barocken Treppenhaus aus verschiedenen Brauntönen – in friderizianischer Zeit bevorzugte man ein helles Blau.

In den Räumen des Reisebüros bot bereits zur Kaiserzeit der Musikalienhandel Max Rettich seine Waren feil, Spieldosen mit Notenscheiben, Grammophone und Platten, Phonographen und Phonographenwalzen. Dort erwarb ich in den sechziger Jahren alte Grammophonplatten, daneben solche der Marken Zonophon und Parlophon, außerdem Grammophonnadeln und Edison-Phonographenwalzen. Was man sich heute, im Zeitalter immer schnellerer Warenumschlags-Geschwindigkeiten, nicht mehr vorstellen kann, galt in diesem Refugium der alten Zeit als kundenfreundlich: Die fabrikneuen Walzen, die nach dem Ersten Weltkrieg niemand mehr haben wollte, weil das Grammophon den Phonographen völlig verdrängt hatte, lagerte Rettich in den originalen Pappkartons im Keller ein – fünfzig Jahre lang. Sicher, Betriebswirte schlagen die Hände über dem Kopf zusammen, und es bedarf weniger Rechenkünste zu beweisen, wie verlustreich ein solch nostalgisches Unternehmen war. Und dennoch: ich liebe solche Menschen, die aus romantischen Gefühlen heraus den nüchternen wirtschaftlichen Überlegungen mindestens hin und wieder eine Nase drehen. Schönheit, Empfindsamkeit, das, was sich nicht in Zahlen und Kurven ausdrücken läßt, wären gerade heute wieder lohnende Fortschrittsziele. Denn das Menschenbild, das sich allein auf Geld, Plastik und Wohlstandsmüll gründet, darauf, daß der Mensch im stetig steigenden Konsum seine Erfüllung finden soll – es macht uns alle krank, vernichtet Alltagskultur, macht das Leben immer weniger lebenswert.

Ein schönes Beispiel für ein alltägliches Stück Geschichte findet sich im Haus an der *Neuen Schönhauser Straße* 10, Ecke Rosenthaler Straße: die Apotheke mit einer historischen Gründerzeiteinrichtung. Bereits 1929 wurde das 1886/87 erbaute Haus seines Neorenaissance-Stuckes beraubt und architektonisch zur Häßlichkeit umgestaltet. An einem freigelegten Stück, einem Eckrisalit im vierten Stock über der Apotheke, läßt sich die ursprüngliche Fassadenverkleidung des Hauses erahnen, die Kreuzfenster sind original erhalten. An diesem Haus wurde zu DDR-Zeiten nie etwas restauriert; die oberen Stockwerke sind schon seit Mitte der achtziger Jahre unbewohnt. Doch wen machte das schon wunder, gehörte es doch zur Kommunalen Wohnungsverwaltung KWV – »Kann weiter verkommen«, sagte der Berliner, wenig schmeichelhaft, aber durchaus zu Recht. Leider pflegt man diese Volksweisheit noch heute.

Das Haus an der Rosenthaler Straße 36, eines der ältesten im Kiez, beherbergt eine Barocktreppe von einzigartiger Schönheit

An dem original erhaltenen Gründerzeitinterieur der Apotheke an der Neuen Schönhauser Straße 10 begeistert mich neben der Neorenaissance-Einrichtung aus Nußbaum besonders der Deckenspiegel.

In den sechziger Jahren spazierte ich einmal durch diese Gegend, lugte durch die Schaufenster der Apotheke und bemerkte die originale Neorenaissance-Einrichtung von 1886 – amerikanisches Nußbaumholz, mit Ahorn kassettiert. Ich ging hinein, kaufte ein Mittelchen für meine von den Museumsführungen geplagte Stimme und fing mit dem Apothekenverkaufsfräulein ein Gespräch an. Die Apotheke war in den fünfziger Jahren verstaatlicht worden, und nun hatte man nichts Besseres im Sinn, als alles rauszureißen und sie mit modernen, glatten Ladenmöbeln einzurichten. Entsetzt begab ich mich am nächsten Tag zum Chef der Ost-Berliner Denkmalspflege, Fritz Rothstein, einem Mann, der seinen Beruf ernst nahm und sich die Erhaltung historischer Bausubstanz auf die Fahnen geschrieben hatte. Er machte sich sofort frei, zusammen gingen wir zur Apotheke, er warf nur einen Blick auf die Wand- und Deckentäfelung, auf den Deckenspiegel mit der Bemalung, und schon wenige Tage später war das Mobiliar unter Denkmalschutz gestellt. Und so kann man sich noch heute, wenn man von kleineren oder größeren Zipperlein geplagt ist, zumindest am gründerzeitlichen Ambiente der Apotheke erfreuen.

Das Haus an der Neuen Schönhauser Straße 13 war um die Jahrhundertwende Treffpunkt für die Armen dieser Gegend: ein Volkskaffeehaus, unterhalten von der »Volks-Kaffee-und-Speise-Hallen-Gesellschaft«. In den zwei Sälen, einem für Männer, einem für Frauen, konnte man billig Kaffee trinken und sich nähren. Nicht daß sich das Essensangebot unterschieden hätte, aber in der Kaiserzeit hielt man noch auf Trennung der Geschlechter.

Viele hundert Essen am Tag wurden in den Volksküchen für fünfzehn bis fünfundzwanzig Pfennige ausgegeben. »Dafür gab es Reis, Erbsen, Bohnen, Kartoffeln und ein ansehnliches Stück Rindfleisch«, meldete die Presse.

Oft finanzierten Fabrikanten die Volksküchen, die sich meist in Arbeitergegenden etablierten. Die erste öffnete in Berlin während des deutsch-österreichischen Krieges 1866 ihre Pforten. Der Fabrikherr schmückte sich mit seiner Wohltätigkeit und wurde darob von der Presse, besonders vom »Kladderadatsch«, verspottet, weil man argwöhnte, die gute Absicht ginge einher mit geschäftlichen Interessen.

An der Neuen Schönhauser Straße 8 steht eines der ältesten Häuser im Kiez: Der dreigeschossige Bau wurde um 1770 vermutlich nach Entwürfen des Barockbaumeisters Georg Christian Unger erbaut.

Einige Häuser auf der rechten Seite der Neuen Schönhauser werden zur Zeit saniert, so daß man nicht ins Innere gelangt. Sollten die Gerüste entfernt sein, wenn Sie hier entlanglaufen: unbedingt reinschnuppern; das gleiche gilt für die Höfe.

Zurück zur *Rosenthaler Straße*; wir gehen in Richtung Weinmeisterstraße und gelangen zur Nr. 51, dem heutigen *Kulturhaus Mitte,* einem Neorenaissancebau aus den achtziger Jahren des vorigen Jahrhunderts, in den fünfziger und sechziger Jahren von außen arg verdorben. Früher besaß es eine wunderbare Fassadengliederung: Putzquaderung im hohen Sockelgeschoß, Fensterfaschen* mit Gesimsen. Das sandsteingraue Haus sah aus wie ein italienischer Renaissance-Palazzo, die Ornamente waren ausgewogen, nicht überladen wie viele andere, die selbst mir nicht geheuer sind: Neobarock vermischt mit Neogotik, dazu mit weiterem Firlefanz verschnörkelt.

Heute wirkt der verschmutzte Glattputz illusionslos und stocknüchtern, nur die historische Fenstereinteilung läßt die ursprüngliche Schönheit erahnen. Wo jetzt im ersten Stock im *Café Paz* Lesungen und Veranstaltungen stattfinden, wohnte um 1900 die Berliner Brauereibesitzersfamilie Richter. Das Familienoberhaupt war Inhaber der I.C.A. Richter & Co. Weißbierbrauerei. Öffnet man das Eingangsportal, gewahrt man rechts die auf Granit eingemeißelte Inschrift »Portier«, dahinter, in der Souterrain-Wohnung, logierte der Portier Alfred Titze.

Der Portier war eine Respektsperson und zu Kaisers Zeiten ein Hausfaktotum; er gehörte fast zur Familie, war lebendes Inventar. Meist gelernte Handwerker und mit Herzensbildung ausgestattet, mußten Portiers auch ein gewisses Maß an Manieren mitbringen, denn sie waren die ersten, die mit den Besuchern der Herrschaft zu



* Fensterfasche: Fensterumrahmung

tun hatten, denen sie, in goldbetreßter Livree, die Türe öffneten. Summer gab es damals ja noch nicht.

Nur »Herrschaften« durften das Haus durch den Haupteingang betreten, das Dienstpersonal oder der Bäckerjunge hatten sich über den Hof zu begeben und an der Küchentür zu melden. Man hielt auf Stand, doch spielten auch praktische Überlegungen eine Rolle: Der Portier und seine Frau hätten viel zu tun gehabt, wären alle über die roten Plüschläufer im Treppenhaus getrampelt, vielleicht noch die blankgeputzten Messingstangen mit dreckigen Händen befingernd.

Ein Hinweisschild neben dem Knauf der Eingangstür wies den Besuchern niederen Standes unerbittlich den Weg: »Aufgang nur für Herrschaften. Lieferanten über den Hof«, ein Pfeil oder eine schwarze Hand deuteten in die entsprechende Richtung.

Versinken wir einmal in die Zeit um 1900 und spielen den Besuch der »Herrschaft«: Portier Titze haben wir hinter uns gelassen, wir bewegen uns über die bordeauxroten Läufer, die durch Messingstangen gehalten werden, lautlos die Treppe empor. Ein besonders aufwendiges Neorenaissance-Treppengeländer aus Eiche führt hinauf zum ersten Stock, jede Traille* mit Flachstich. Das besitzt um 1900 nicht jeder, nun ja, Bier ist schon damals ein Massengetränk und Brauereibesitzer Richter ein gemachter Mann.

Im Treppenhaus funkeln in jeder Etage eingelassene Spiegel. Ein kurzer Blick genügt, und wir sehen, daß unser Haar ob des Windes draußen einen völlig verpudelten Eindruck macht. So können wir unmöglich die Herrschaft beehren, und wir richten schnell unser Haar.

Als Flurlampen dienen Kristalltrauben, die, bronceverziert, an einer langen Messingstange von der Decke baumeln. Unterhalb des Baldachins pendeln Kettengehänge, die sich in leichtem Schwung zur Traube neigen. Wir ziehen den Knauf der Wohnungsglocke an der Entreetür, das Dienstmädchen öffnet und fragt nach unserem Begehr.

Unzählige Zofen habe ich im Laufe meines Lebens getroffen und befragt, so daß ich mir ein sehr gutes Bild

* Traille: kleine Säule als Stütze eines Geländers

von ihren Lebensumständen machen kann. Allein die Benimmregeln für Dienstmädchen hatten es in sich: Wenn es die Eingangstüre zur Wohnung einem Besucher öffnete, so stellte es sich nicht breit vor die Türe, nachdem es diese geöffnet, sondern etwas zur Seite, damit die Besuchenden bequem eintreten konnten. Mußte der Besuch abgewiesen werden, weil die Herrschaft ausgegangen war oder keine Besucher wünschte, so ging das Mädchen den Ankommenden einige Schritte entgegen, um nutzloses Weitergehen zu ersparen, und sagte: »Ich bedaure, die Herrschaft ist ausgegangen« oder »Die Herrschaften empfangen heute nicht.«

Dann nahm es mit der rechten Hand die Visitenkarte in Empfang, welche ihm geboten wurde, dankte, wenn man ihm Empfehlungen auftrug, und gab entweder der Herrschaft die empfangene Karte sofort ab, wenn es dieselbe sah, oder legte sie an einen hierfür bestimmten Ort – meist die Visitenkartenschale auf dem Tisch im Salon. Das Verschleudern oder Herumlegen von Karten war nicht statthaft.

Empfing der Hausherr, brachte das Mädchen ihm die Visitenkarte, und er ließ vielleicht folgendes vernehmen: »Aha, Kiesgrubenbesitzer Schulze, lassen Sie ihn rein!« Dann eilte das Dienstmädchen zurück zur Tür, um den Besuch vorzulassen. Zu diesem Zwecke öffnete es die Türe zum Salon, der dem Empfang der Besuchenden diente, und bat einzutreten. Dem Kiesgrubenbesitzer war es bei der Entledigung seines Überrocks behilflich. Nachdem es die Türe des Salons hinter dem Fremden geschlossen hatte, eilte es, die Herrschaft zu rufen.

Ich sehe mich förmlich durch den Korridor sausen – immer wollte ich so aussehen wie ein Dienstmädchen, kostümiert als Zofe im bürgerlichen Zeitalter, mit hochgesteckten Haaren, und schon als Kind hatte ich mir genau gemerkt, wie sie ihre Schürzenschleifen banden.

Ein manierliches Mädchen öffnete die Tür nie mit aufgeschürztem Kleide und aufgestülpten Ärmeln, es nahm sich Zeit, wenn es vom Scheuern oder Staubwischen abgerufen wurde, seinen Anzug rasch in die schickliche Verfassung zu bringen.

Es folgte auch nicht dem Brauche einer, wie es damals hieß, »Klasse von Mädchen«, die den ganzen Vormittag

Im Treppenhaus der Rosenthaler Straße 51

in einer losen Jacke, zuweilen der Bettjacke, ihres Amtes walteten. Der Anstand der Kaiserzeit forderte ein festes Kleid – damit war kein enges gemeint. Stiefel mit hohen Absätzen, in welchen man polternd im Hause umherging, schickten sich besonders früh am Morgen nicht, zur Bedienung bei Tische und wenn Kranke im Hause waren. Ein anständiges Mädchen vermied auch den schleppenden, geräuschvollen Gang in den Hausschuhen, ferner das heftige Türöffnen und -schließen, das Hin- und Herumwerfen von dem, was man ruhig weglegen sollte, kurz alles, was Lärm verursachte. Absolut verpönt war das Schnäuzen vor der Herrschaft – soviel Manier mußte jedes Mädchen haben, dieses vor dem Eintritt ins Zimmer zu tun.

Wichtiger als alles andere: Gehorsam. Ein Mädchen, das nicht gehorchen konnte, machte, so fleißig es auch gewesen sein mochte, seiner Herrschaft wenig Freude. Doch mit Gehorchen allein war es nicht getan: Es galt, gern zu gehorchen, nämlich nicht mit unwilligem Gesichte, und vor allem rasch zu gehorchen. »Erfüllte Pflicht macht froh Gesicht!« hieß das dann. Nun, ich denke, im großen und ganzen hätte die Herrschaft mit mir als Mädchen nichts zu meckern gehabt.

In einem Haushalt wie dem des Brauereibesitzers gab es für das Mädchen immer etwas zu tun. Schon die Pflege der herrschaftlichen Einrichtung erforderte emsigen Fleiß: Vor den Tür- und Fensternischen bauschten sich Stores und Plüschvorhänge, Paradekissen und Häkeldeckchen lümmelten auf jedem Sofa, in jeder Ecke; Geschnitztes und Gedrechseltes türmte sich auf den Möbeln, Gipsbüsten thronten auf Mahagonisäulen, Nippes in den Etageren schrien unaufhörlich nach dem staubwedelnden Dienstmädchen, das unter den strengen Blikken der großen Ölschinken mit vaterländischen Motiven – Schlacht bei Sedan 1870: Kaiser Wilhelm I. hoch zu Roß im Pulverdampf, neben ihm Bismarck mit siegesgewissem Blick – seines Amtes waltete oder vor dramatischen Landschaften, in denen die Hirsche röhrten oder Mühlen klapperten.

Die Mädchen schliefen in zugigen Mansardenkammern, auf stickigen Hängeböden, erst nach 1900 richtete man ihnen eigene Zimmer ein. Den gesetzlich vorgeschriebenen freien Tagen sah die Herrschaft mit großer Ängstlichkeit entgegen: Die teilweise noch minderjährigen Mädchen gingen ja nicht nur mit ihren Verwandten im Park spazieren, sondern auch zu Tanzveranstaltungen. Und da, so fürchtete die Herrschaft, lockte der »bunte Rock« der Soldaten.

Das mag sich alles skurril anhören, und ich will auch nichts idealisieren; der Tag fing für das Dienstmädchen gegen sechs Uhr morgens an und dauerte meist vierzehn Stunden, manchmal, zum Beispiel wenn die Herrschaft abends Gäste empfing, bis in die Nacht. Aber, das erfuhr ich von vielen gewesenen Zofen, nicht alle Herrschaften schikanierten ihr »Mädchen für alles« und beuteten es aus.

Natürlich, gerade die unteren Klassen hatten sich zur Zeit Wilhelm II. und mehr noch unter Bismarck um anderes zu sorgen als um ihr bürgerliches Wohlleben, wenngleich es nicht so war, daß die Gesellschaft nur aus wenigen unermeßlich reichen Kapitalisten bestand und vielen verelendeten Proletariern.

Der Fabrikherr der ersten Stunde sah um 1850/60 den Lebenszweck in harter, konsequenter, rastloser Arbeit, in der der Mensch sich bewährt und das Leben sich erfüllt. Grau war die Farbe seiner Tüchtigkeit, protestantisches Arbeitsethos gab ihm das Gepräge. Die Industriellen, die nach dem Gründerboom zu Reichtum kamen, wollten dagegen die materiellen Errungenschaften ausleben: Man fand Gefallen an repräsentativem Lebensstil, an herrschaftlicher Villa, Kutschfahrten, der Jagd nach Wild in den Wäldern um Berlin – die Reichen begannen in ihrer derben Genußsucht zu leben wie die Renaissance-Fürsten, gleichwohl weniger geschmackvoll.

Andererseits: Die überwältigende Mehrzahl der lohnarbeitenden Menschen um 1900 litt keine existentielle Armut. Die gelernten Arbeiter, egal ob sie im einzelnen glücklich oder weniger glücklich waren, lebten kein stumpfes perspektivloses Leben, in dem die Zwänge der äußeren Not alles andere überdeckten. Die Arbeiterfamilien konnten sich in der Zeit des rasanten wirtschaftlichen Aufschwungs ab der Jahrhundertwende manches leisten, an das ein paar Jahrzehnte zuvor niemand im Traum zu denken gewagt hätte.

Sicher, Preußen-Deutschland war ein Obrigkeitsstaat, autoritär im Politischen, liberal im Wirtschaftlichen, die Zeiten waren patriarchalische, aber da gab es doch eine Menge Geländer, an denen sich die Menschen halten konnten, und eine Menge Deiche, die einen vor den wilden Fluten des Lebens schützten.

Vielleicht bin ich zu optimistisch, aber ich glaube, jene Zeiten waren nicht so seelenlos wie die heutigen. Man achtete mehr aufeinander, auf die Dinge, die einen umgaben; man lebte in festen Bahnen, alles unterlag einem immergleichen Rhythmus, hatte Konstanz; man starb nicht in monströsen Krankenhäusern, umgeben von medizinischen Apparaten, man starb zu Hause in seinem Muschelbett, umgeben von seinen Lieben.

Ich neige zur Beständigkeit, es liegt in meinem Wesen, alles zu erhalten, auch wenn ich weiß, daß nichts ewiglich währt. Ja, ich bin konservativ, will die Dinge bewahren, und da im Grundgesetz dieser Republik die schönen Sätze stehen: »Eigentum verpflichtet. Sein Gebrauch soll zugleich dem Wohle der Allgemeinheit dienen«, bin ich die erste, die mit jungen Hausbesetzern sympathisiert, die sich als Konservatoren verstehen (nicht alle tun dies, ich weiß) und Wohnkultur erhalten wollen, die im Ramschdenken der nackten Spekulation verlorenzugehen droht. Es will halt nicht jeder in einem Komfort leben, der ihm nicht paßt und der unbezahlbar wäre.

So wie es im Augenblick scheint, halten die meisten Menschen »konservativ« für gleichbedeutend mit »reaktionär«; ich finde nicht, daß dies so bleiben sollte. Doch genug der Belehrungen.

Wieder auf der Rosenthaler Straße, begeben wir uns nach wenigen Metern in die *Weinmeisterstraße*: Neben dem klassizistischen »Directorial-Gebäude« der Sophien-Schule mit der allegorischen Figurengruppe am Torgesims steht eine weitere Lehranstalt, diesmal im Ulbricht-Stil. Hier befand sich früher das berühmteste Fahrradhaus Berlins, Ernst Machnow, ein riesiges Fabrikgebäude mit mehreren Hinterhöfen und Seitenflügeln. In einem gewaltigen Saal im Dachgeschoß lernte ich 1935 Radfahren. Mit sieben Jahren hatte ich von meinem Großonkel ein Arcona-Jugendrad geschenkt bekommen. Da er mit dem prominenten Radrennfahrer Walter Rütt, der vormals die Rütt-Arena in Weissensee besessen hatte, bekannt war, durfte ich unter der Anleitung des Rad-Idols lernen. Dieser Sportsmann war von großer schlanker Gestalt, eine imposante Erscheinung, und von einer ruhigen, menschlich-freundlichen Ausstrahlung. Während die mehr oder minder begabten Knaben und Mädchen ihre ersten Versuche auf den Drahteseln unternahmen, hatten die Verwandten als wären sie in einem Tanzsaal, an Tischen Platz genommen. Sie thronten auf einer Empore am Ende des Saales, die von einer Balustrade mit gedrechselten Balustern begrenzt wurde.

In sportlichen Dingen war ich nie sonderlich geschickt, dazu kamen die Mißhandlungen meines Vaters, der mich während meiner ersten Radfahrversuche mit seiner Reitpeitsche prügelte wie einen alten Klepper. Kurzum: ich hatte furchtbare Angst vorm Radfahren. Aber der gute Lehrer, Pädagoge durch und durch, gefiel mir, hielt seine Hand am Sattel, auf daß ich nicht herunterpurzelte, berührte, unbeabsichtigt, mich manchmal am Hinterteil, was mir noch mehr gefiel. Mein Fahrrad bekam im Krieg einen größeren, gebrauchten Rahmen, und noch heute strampel ich mit ihm durch die Gegend. Inzwischen ist es ein historisches Stück, mit originalem Sattel, Lenkstange und Felgen. Allerdings, das will ich nicht verschweigen, erfüllte ich mir 1980 einen Herzenswunsch und kaufte mir ein neues Fahrrad – natürlich ein Damenmodell.

Die Firma Machnow handelte damals nicht allein mit Fahrrädern: Daneben führte man Kinderwagen, Nähmaschinen, Uhren, Sprechmaschinen mit Blumentrichter – für eine im vlämischen Stil mit gewundenen Ecksäulen warb man: »Caruso singt nicht besser, als dieser Apparat eine Aufnahme seines Gesanges wiedergibt« –, Schallplatten, ja sogar Revolver, mir freilich ein Graus. Nur mit einer Neuheit aus dem Jahre 1911 hätte ich mich anfreunden können: der Notwehr-Pistole der Marke »Scheintot«, die, so versprach es zumindest der Katalog, jeden Gegner unschädlich machte »ohne tödliche oder körperliche Verletzung«. Offensichtlich lebten nicht nur Pedaltreter im Berlin von 1911 gefährlich, sondern auch Reisende. Denn, so vermerkte man im Katalog: »Vorzügliche Schutzwaffe für Touristen und Radfahrer«.

Über die *Alte Schönhauser Straße* folgen wir einer ratternden Straßenbahn ins historische *Scheunenviertel.* Die erste Enttäuschung für den auswärtigen Besucher: von Scheunen keine Spur. Da wo sie einst standen, wird jetzt avantgardistisches Theater gemacht: am Rosa-Luxemburg-Platz. Und auch die Frage, wo genau die Grenzen dieses inzwischen sagenumwobenen Viertels verlaufen, ist nicht leicht zu beantworten. Die Straßen, die rechts und links von der Alten Schönhauser abgehen, bildeten, soviel ist sicher, den armen Teil des Quartiers.

Das Scheunenviertel war immer ein historischer Ort, obwohl hier nicht die Menschen wohnten, die Geschichte machten; hier lebten jene, mit denen Geschichte gemacht wurde, nicht die Mächtigen, sondern die Ohnmächtigen, jene, die man gemeinhin die »kleinen« Leute nennt – als ob je Macht und Reichtum über menschliche Größe entschieden hätten.

Wenn ich durchs Scheunenviertel gehe, sehe ich die Vergangenheit, die Menschen, glücklich oder weniger glücklich, die dort gelebt haben; die jüdischen zum Beispiel, die glaubten, im toleranten Berlin ein Zuhause gefunden zu haben. Und dann erfuhren sie entsetzt, wie böse das Böse wirklich sein kann. Zuerst im Pogrom von 1923, als ein aufgebrachter Mob in der Gegend um die Grenadierstraße, heute Almstadtstraße, die Juden drangsalierte; dann in der Mordnacht vom 9. auf den 10. November 1938, als das bestialische Wesen der Deutschen, diesmal von oben angeordnet, ohne Verkleidung zum Vorschein kam; und schließlich im ärgsten Wahnsinn der Nazis, dem Vernichtungsfeldzug gegen die Israeliten.

Ab der Jahrhundertwende waren die Häuser im Scheunenviertel voll mit Menschen, vom Keller bis zum Boden. Unten an der Straße die Läden: Destillen, Bouillonkeller, Restaurationen, Fleischereien, Obst- und Gemüsehändler, Kolonialwaren und Feinkost, Produktenhändler und Trödler, Damen- und Herrenkonfektion, Kohlenhandel und Seifenladen.

Scheunenviertel: Alles ist weg, die Häuser verfallen oder zu Tode saniert; alles ist noch da, die altersmüden Fassaden, die Katzenkopfpflaster, die Radabweiser in den Einfahrten, das Straßenschild aus der Kaiserzeit.

Hier war Armut, hier war Enge, aber auch Schönheit, Menschlichkeit und ein Hauch von Poesie. Hier trug das Leben keine Schminke, es zeigte seine Narben und unschönen Verwerfungen mit unprätentiöser Selbstverständlichkeit.

In den dunklen heimeligen Gassen, die sich wie Blutgefäße zwischen den Hauptschlagadern Rosenthaler Straße und Rosa-Luxemburg-Straße, früher Kaiser-Wilhelm-Straße, verästeln, strichen Arbeiter herum, Bettler, Kinder, Huren, Händler und wohlhabendere Bürger, auf der Suche nach billigen Ausschweifungen.

Wie quakte und pfiff, lärmte und klapperte, rasselte und flötete es zwischen den Kellergeschäften und von den Anpreisenden, die mit dem Bauchladen auf und ab gingen, auf klapprigen Handwagen ihre Ware feilboten oder sich einen kleinen Stand gezimmert hatten, auf dem der Sellerie zu liegen kam, Tomaten, Zwiebeln, Kartoffeln; und unter den Ständen drängten sich die grob geflochtenen Körbe mit dem Nachschub, der nie zu Ende ging.

An der Dragoner- und Grenadierstraße, heute Max-Beer- und Almstadtstraße, lebten orthodoxe Juden Tür an Tür mit Christen; im armen östlichen Teil des Scheunenviertels roch es nach Bier, nach Dunst, nach Schlaf, nach Liebe, nach Ausscheidungen, nach Kampf, Überlebenswillen, Treue und Not, nach Gemeinschaft.

Das Leben trieb – vorwärts, rückwärts, kreuzte und staute sich, schwirrte und hetzte, stolperte und taumelte, trottete gemächlich; die Menschen schwatzten, beteten, hurten, tranken, lästerten, bangten, juchzten, atmeten.

Alles ist weg, die Häuser verfallen oder zu Tode saniert: In der Max-Beer- und der Almstadtstraße tilgte man zu Beginn der achtziger Jahre die letzten hebräischen Schriftzeichen auf den wenigen alten Häusern, die von Armut sprachen, die Wind und Wetter mehr als ein Jahrhundert standgehalten, Kaiserreich, Weimar, Nazis überlebt hatten und die Wandlitzer Altherrenriege auch noch überdauert hätten.

Alles ist noch da, winzige Spuren des Einst, das Straßenschild Schendelgasse aus der Kaiserzeit zum Beispiel, die alten Katzenkopfpflaster in den Höfen, die

Hier stand das Haus mit den zweiunddreißig Eingängen

Radabweiser in den Hauseingängen für das Fuhrwerk, die Wagenremisen und Pferdestallungen, kaum zu entziffernde, abgeblätterte Schriften auf Hauswänden: »Molkerei«, »Tischlerei«, »Schlosserei«.

Wir biegen ein in die *Mulackstraße*.

Die Mulackstraße, die früher Mulackgasse hieß, bekam ihren Namen nach dem Maurermeister Jakob Mulack, der das erste Haus dieser Straße erbaute, nämlich das Eckhaus an der Alten Schönhauser Straße aus dem frühen 19. Jahrhundert. Langsam bricht es zusammen unter dem Schienengetöse der schweren Straßenbahnwaggons; vor den Kellerfenstern wachsen Holundersträuche. Hier kaufte ich noch Anfang der siebziger Jahre einer alten Dame eine Weckeruhr mit Glocke und römischen Ziffern ab. Stube und Küche waren sauber und gepflegt.

Direkt daneben an der Ecke *Rückerstraße* eine alte Baracke, den Rest des Grundstücks überwuchern Gras und junge Bäume. Hier behütete bis zur Ausbombung im Zweiten Weltkrieg das berüchtigtste Bauwerk im Kiez seinen Mythos: das Haus mit den zweiunddreißig Eingängen. Selbst Ortskundige konnten sich in den vielen Höfen verlaufen. Ein Hehler trieb im Haus kurz nach dem Ersten Weltkrieg schwunghaften Handel mit Textilien, es war die Zeit der florierenden »Geschäfte« für Berliner Ganoven, die die kommenden zwanziger Jahre auch für sich als golden ansahen.

Das Warenlager hatte in der Zeit der Textilnot – Uniformen blieben nach 1918 noch für Jahre das meistgetragene Stück – alles in reichen Mengen zu bieten: beiseitegeschaffte Stoffballen, soweit das Auge reichte, bis unter die Decke. Nicht nur zog der lichtscheue Geselle von hier seine Handelsfäden, er hatte sich auch häuslich eingerichtet. Freilich mußte er sein gesamtes Mobiliar verkaufen, um Platz zu schaffen für das feine Tuch. Seine Schlafstatt befand sich in einem Zimmer buchstäblich auf dem zuoberst liegenden Ballen, reckte er sich in seinem »Bett«, streiften seine Hände die Zimmerdecke – immerhin fast vier Meter hoch. Die Kriminalpolizei roch Lunte und stattete dem Haus einen Besuch ab. Zwar fand sich das Lager vor, nicht aber der windige Geschäftsmann, der ganz fix aus einem der zweiunddreißig Ausgänge entkommen war. Das Haus hatte über mehrere Höfe Verbindung zu den umliegenden Straßen, die Gegend war bei Ganoven auch deshalb beliebt, weil »die Blauen« sich in dem Hoflabyrinth nie ganz zurechtfanden. Um die Ware abzutransportieren, rollten mehrere Lastautos heran, zwei Tagen lang hatten die Lastenträger zu tun.

Magisch zieht es mich weiter, die Mulackstraße 15 wirkt wie ein Magnet auf mich, obwohl auf dem Grundstück nichts mehr zu sehen ist, ein paar Bäume überwuchern die Vergangenheit, den Platz, an dem früher Theke und Zapfhahn standen, doch ich klammer meine Hände an das Eisengitter, hier war sie, die berühmteste Kneipe im Kiez: die *Mulackritze*. Ihre wechselhafte Geschichte, die Schicksale der verschiedenen Wirte habe ich ausführlich in meinen Erinnerungen beschrieben. Doch in einem Punkt habe ich mich geirrt. Nicht 1960, als ich die letzten Wirtsleute Minna und Alfred Mahlich kennenlernte, war ich das erste Mal hier, sondern bereits 1950, als die Zille-Kneipe noch florierte. 1963 erwarb ich die gesamte Lokaleinrichtung, und noch heute steht sie bei mir im Museum.

1950 schlenderte ich zufällig vorbei, ahnte nicht, an welchem geschichtsträchtigen Ort ich mich befand, aber schon damals konnte ich mich von dem Haus nicht abwenden. Und es lag nicht nur an der Stiefelhure, die mit der Peitsche im Schaft die Straße auf- und abflanierte. Musik vom Grammophon drang aus der Mulackritze, Qualmduft waberte aus Fenster und Tür, ich blickte hinein, es wimmelte von Menschen, viele tanzten, und aus einem Fenster im Haus gegenüber schäkerte ein leichtes Mädchen einen unentschlossenen Freier an eine gewaltige Dirne, geboren zu umarmen, mit Brüsten wie Balkone.

Im Haus Mulackstraße 20, Ecke Kleine Rosenthaler Straße wohnte mein Freund, der Sammler und Musiker Alfred Kirschner. Hatten wir uns verabredet, war er meist zur avisierten Stunde noch nicht zu Hause, für sein Leben gern durchstreifte er die Schrottplätze der Gegend und vergaß darüber die Zeit. Dann begab ich mich in den dritten Stock zu einem alten Frauchen, das sich um Alfred und seinen unordentlichen Haushalt ein bißchen kümmerte: Hildegard von Strünk. Vom eigentlichen Treppenhaus führte eine kleine Stiege zu ihrer Tür, und schon betrat man Küche und Stube. Sie war bereits über siebzig, aber noch äußerst behende und hatte eine bemerkenswerte Lebensgeschichte:

Im Kiez aufgewachsen, arbeitete sie als junges Mädchen in den zwanziger Jahren in der Mulackritze als Hure, damals drückte man sich anders aus: Sie »lief« für den Laden. Oben in der Dachkammer war das »Arbeitszimmer« – Kanonenofen, zwei Eisenbettstellen, eine Chaiselongue, säubern mußten sich die Herren in der Schüssel auf dem Waschständer.

Als sie mal wieder auf Männerfang war, erlebte sie den damaligen Traum eines jeden leichten Mädchens: Ein adeliger Freier verliebte sich in sie, sagte: »Mädelchen, du bist mir zu schade für den Strich, ich heirate dich.« Natürlich glaubte sie ihm kein Wort, aber als er sie eines Tages in seinem Horch abholte, war ein Märchen wahr geworden. Er nahm sie mit in seine hochherrschaftliche Wohnung in Charlottenburg. In der Inflation war der Edelmann zwar verarmt, aber es war noch genügend übriggeblieben, um mit Hilde ein Leben mit Dienstboten im vornehmen Berliner Westen zu

Hier stand sie, die berühmteste Kneipe im Kiez: die Mulackritze. Als ich 1950 das erstemal hier vorbei kam, war die Gaststätte rauchgeschwängert, waren die Scheiben fast blind, aber das Grammophon dröhnte, und die Menschen suchten Trost in billigen Ausschweifungen.

Die Einrichtung der Zille-Kneipe barg ich Anfang der sechziger Jahre. Seitdem steht sie im Keller meines Gründerzeitmuseums in Mahlsdorf und erzählt von Schicksalen, von Armut und Liebe und den Rätseln des Menschseins.

führen. Die Schwiegermutter, bar jeder Vorurteile, unterwies sie in der Etikette ihres neuen Standes.

Die schlanke zierliche Hildegard von Strünk besaß ein ebenmäßiges Gesicht und hatte noch in hohem Alter das, was man den Adel von Natur aus nennt. Doch wie war sie bloß an die Wirkungsstätte ihrer frühen Jahre zurückverschlagen worden, fragte ich mich und besah mir ihr Messingbett, den Kleiderschrank, alles um 1900, und die kleine Kommode, die auch schon bessere Tage gesehen hatte.

»Hier«, sie deutete auf die Kaminuhr, zwei Leuchter und die Ansicht eines Gutsschlosses in Öl, das in stuckverziertem Goldrahmen über der geschweiften Mahagonikommode von 1850 hing, »das ist alles, was mir von meines Mannes Reichtum geblieben ist.«

Ihr Gemahl war im Krieg verstorben, die Wohnung ausgebombt, das Adelsgut schon lange verloren. Der Mitarbeiter des Wohnungsamtes war peinlich berührt, als er ihr in den letzten Kriegsmonaten sein Angebot unterbreitete: »Ja, wissen Sie, das einzige, was wir haben, können wir Ihnen, gnädige Frau, natürlich nicht anbieten, denn diese bescheidene Wohnung liegt in der Mulackstraße, in einer nicht gerade vornehmen Gegend, nämlich in Berlin N!« Da lachte sie bloß und sagte: »Das macht mir gar nichts aus. Denn dann bin ich wieder da, wo ich dereinst hergekommen bin.« Sprach's, ließ den verdutzten Beamten sitzen und zog in die Mulackstraße.

Friedhöfe sagen einem, daß man ein Stück der Natur ist: Von ihr kommt man, und zu ihr kehrt man zurück. Deshalb haben sie für mich nichts Beängstigendes, im Gegenteil: Ich gehe gern auf einen Friedhof. Da ist es andächtig und still, die verstorbenen Menschen ruhen, alte und junge, arme und reiche, und die Bäume säuseln im Wind.

Auf dem *Garnisonfriedhof,* unter Friedrich Wilhelm I. im frühen 18. Jahrhundert angelegt, an der *Kleinen Rosenthaler Straße* 3-7 liegen viele bedeutende Heerführer; die verwegenen Gesellen warfen sich in die Schlachten gegen Napoleon, weshalb man ihnen Grabmale aus Eisenkunstguß baute. Nach militärischen Rängen und dergleichen darf man mich nicht fragen, ob

Friedhöfe haben für mich nichts Beängstigendes, im Gegenteil. Sie sagen einem, daß man ein Stück der Natur ist – aus ihr kommt man, und in sie kehrt man zurück.

einfacher Soldat oder General – für mich war's immer einerlei.

Mich zieht es zum Grab eines Mädchens, das ich nie kennengelernt habe, dessen Schicksal mich aber zutiefst erschüttert hat: des jungen polnischen Menschenkindes Sonia Horn, die als politischer Häftling im Frauenkonzentrationslager Ravensbrück saß. Dem Ort der Verdammnis konnte sie entrinnen, auf dem Weg in die Heimat kam die Einundzwanzigjährige am 29. April 1945 tragisch ums Leben. Von einer Tieffliegersalve beim Wasserholen oder Brotanstehen getroffen, von einem SS-Mann niedergestreckt, zwischen die kämpfende Front geraten – niemand weiß es.

Auf dem Garnisonfriedhof, noch unter Friedrich Wilhelm I. angelegt, liegen viele bedeutende Heerführer. Doch mich zieht es zum Grab der jungen Polin Sonia Horn, deren Schicksal mich tief bewegt, obwohl

ich sie nie kennengelernt habe: Nachdem sie der Hölle des Frauen-KZ Ravensbrück entronnen war, kam sie noch in den letzten Tagen des NS-Regimes tragisch ums Leben.

Drei Schnäppi, ein Bierken, aber'n bisken dalli.« Hier kostet das Bier noch zwei Mark, die Limo einsfünfzig; hier raucht man billiges Tabakkraut, und keiner der Gäste ist nach fünf Uhr früh aufgestanden. Es ist später Nachmittag, und wir befinden uns bei *»Tante Olga«,* der Kneipe an der *Linienstraße* 71, Jugendstilbüfett, Tische, Stühle und die Uhr mit Sprung im Zifferblatt – alles ist noch genau so wie bei meinem ersten Besuch in der Kneipe in den Sechzigern zusammen mit Minna Mahlich. Hier betrinken sich die Stammgäste schon vor Sonnenuntergang, die Begrüßungen sind ruppig, aber herzlich: »Na Erwin, du alter Lümmel.« – »Lümmel darfste sachen, aber alt nich.«

Und auch mich, obwohl kein Stammgast, empfängt man freundlich: »Mensch, Charlotte, dir hab ick neulich im Fernsehn jesehn. Du bist jut – mach weiter so!«

Sie kam oft hierher, die alte Mulackritzenwirtin, nachdem der Ost-Berliner Magistrat ihre Kneipe dichtgemacht und ihr später auch noch das Haus abgeschwindelt hatte, das Fluidum bei »Tante Olga« muß sie sehr an ihre eigene Kneipe erinnert haben. Hinten links in der Ecke saßen wir, Olga fuhrwerkte hinter ihrer Theke herum, und wenn ihr das Bier ausgegangen war, rief sie: »So Kinder, jetzt steht mal uff, ick muß inn' Bierkeller.« Dann schoben wir Tisch und Stühle beiseite, Olga öffnete die Bodenklappe, polterte die Treppe runter und stach ein neues Faß an.

Vor einigen Jahren hat sich Olga zur Ruhe gesetzt, die jetzige Wirtin beließ das Lokal im ursprünglichen Zustand, und so ist ein Stückchen des alten Milieus der Gegend hier am Leben geblieben, die Wandsprüche sind wie früher: »Ohne Durst, Tabak & Liebe ist das Leben wirklich trübe«, und selbst die Musikbox stemmt sich gegen den Zeitgeist: Sportpalastwalzer, Schneewalzer, Unter'n Linden, Berliner Luft. Dazwischen trällert Billy Mo »Ich kauf mir lieber einen Tirolerhut«. Das werd *ich* bestimmt nicht tun, allerdings wären mal wieder ein paar Damensandaletten fällig. Aber zuerst »sauf« ich mir bei »Olga« einen an: mit Apfelsaft und Johannisbeermost.

Bei »Tante Olga« hat sich seit Jahrzehnten nichts verändert. Dem Lokal haftet noch heute die alte Kiezstimmung des Scheunenviertels an.

**Märkisches Museum**
dienstags bis sonntags 10 bis 18 Uhr
Vorführung in der Musikmaschinenabteilung
sonntags 11 bis 12 Uhr und mittwochs 15 bis 16 Uhr

**Zirkus- und Varietémuseum**
dienstags bis sonntags 10 bis 18 Uhr

**Schulmuseum**
dienstags, donnerstags und freitags 9 bis 16 Uhr,
mittwochs 9 bis 13 Uhr

**Otto-Nagel-Museum**
dienstags bis sonntags 10 bis 18 Uhr

**Schinkel-Museum** in der Friedrichwerderschen Kirche
dienstags bis sonntags 9 bis 17 Uhr

**Dom**
montags bis sonnabends 9 bis 19.30 Uhr,
sonntags 11.30 bis 19.30 Uhr

**Kaiserliches Treppenhaus**
Ausstellungen montags bis sonnabends 10 bis 18 Uhr,
sonntags 11.30 bis 19 Uhr

**Museumsinsel**
dienstags bis sonntags 9 bis 17 Uhr

**Mori-Ogai-Gedenkstätte**
montags bis freitags 10 bis 14 Uhr

**Trödelmarkt** am Hackeschen Bahnhof
dienstags bis sonntags 11 bis 18 Uhr

**Garnisonfriedhof**
(Ausstellung zur Geschichte des Alten Berliner Garnisonfriedhofs)
mittwochs bis sonntags 11 bis 17 Uhr

Charlotte von Mahlsdorf

## Ich bin meine eigene Frau

Ein Leben
Herausgegeben von Peter Süß
Fotoessay von Burkhard Peter
Sechste Auflage
224 Seiten mit 23 Fotografien
ISBN 3 86034 109 X

»Auch wegen ihrer/seiner hübschen Kittelschürzen« wählte *Die Zeit* Charlotte von Mahlsdorf alias Lothar Berfelde zu einem der »Menschen 92«. *Der Spiegel* hält ihr Leben für ein »schmuckes Gesamtkunstwerk«.

Daß sie weit mehr ist als ein schräger Paradiesvogel mit Hang zu Schürzen und schlichten Röcken, beweisen ihre Memoiren. Darin erzählt Charlotte von Mahlsdorf »abenteuerlich, skurril, heiter und weise« *(Ostthüringer Zeitung)* von ihrer Kindheit als unheroischer, blondgelockter Engel im Dritten Reich, vom »Endkampf« im brennenden Berlin, von ihrem nimmermüden Drang, Häuser und Gründerzeitmöbel zu erhalten, und ihrem Kampf mit der Stasi, die sie zu einer »unerwünschten Person« erklärt und ihr Lebenswerk, das Gründerzeitmuseum in Berlin-Mahlsdorf, rauben will. Daneben berichtet sie mit radikaler Ehrlichkeit von ihrem »Leben im Unterrock« *(tz, München)*.

Ein Transvestit in Deutschland also, ein Leben zwischen den Diktaturen und »ein zentraler Text aus der Randperspektive, ein zentrales Stück DDR-Kulturgeschichte« *(Frankfurter Rundschau)*.

Charlotte von Mahlsdorf erzählt – »uneitel, nicht geschwätzig, witzig und dezidiert humanistisch« (*Frankfurter Rundschau*) – vom aufrechten Gang und von zäher Selbstbehauptung und berichtet doch nur, wie sich zugetragen hat, was sie schlicht »ein Leben« nennt. »Ein Buch für alle«, schreibt die *Hannoversche Allgemeine Zeitung*.

Zweite Auflage Januar 1995
Siebtes bis zwölftes Tausend
Originalausgabe

Gestaltung und Satz: Rainer Zenz, Berlin
Umschlag unter Verwendung einer Fotografie
von Burkhard Peter (Montaž), Berlin
Lithographie: Duplex, Berlin
Herstellung: Ebner Ulm
ISBN 3 86034 133 2

Bitte fordern Sie unser Gesamtverzeichnis an:
Edition diá, Elbestraße 28/29, D-12045 Berlin

24,–